無条件の愛

キリスト意識を鏡として

ポール・フェリーニ 著
井辻朱美 訳

ナチュラルスピリット

LOVE WITHOUT CONDITIONS :
Reflections of the Christ Mind
by Paul Ferrini

Japanese translation rights arranged with Heartways Press
through Tuttle-Mori Agency, Inc., Tokyo

Originally Published by Heartways Press;
P.O.Box 99; Greenfield, MA 01302, U.S.A.
E-mail: heartway@crocker.com
Website: www.paulferrini.com

著者まえがき

チャネリングが花盛りだが、本書がチャネリング・ブックでないことをはっきりさせておくことが大切だと思う。本書の情報は、どこかの「エンティティ」や、聞き手の人格の一部分を分離させたような存在からやってきたのではない。そうではなく本書は、ひとりの聞き手が、あなたもわたしもその重要な一部である〝キリストの心《マインド》〟とひとつになった結果である。

イエスを自分の心の外部の独立した存在と考えると、大切な点を見失う。イエスが話しかけるのは、あなたの心の中においてだからである。イエスはもっとも親しい友として、ときには言葉で、しばしば言葉を超えて、あなたに語りかける。イエスとの交流、霊的交わりは、その教えを実践するためには欠かすことのできぬ部分だ。

ただしイエスは、〝キリストの心〟の中で特権的な地位や場所を占めているのではない、ということをはっきりさせておきたい。クリシュナ、ブッダ、モーゼ、老子、その他もろもろの聖人が意識体として、そこで、というかもっと正確にいえばここで、イエスに合流している。ブッダやクリシュナと話すほうが落ちつけるというなら、どうかそうしてほしい。イエスは気を悪くなさらないだろうと思う。いや、むしろ喜ばれるはずだ。あなたは、非－分離というイエスの教えに従っているわけだから。

われわれはみな、この〝キリストの心〟（ブッダの心でも、ブラフマンでも、聖霊でもなんでもよいが）と交流し、交わりをもっている。それはわれわれがみな〝神の心〟とひとつになっているからだ。もしそうでなければ、われわれの経験はまったく暗黒のものとなり、回復の希望さえ見いだせないだろう。

各人は、自分の無意識の闇を照らす小さな火花をもっている。それは神とのつながりを保たせている聖なる意識の火花だ。この火花はわれわれを、各自の伝統の中の聖なる教師とも結びつけ、兄弟姉妹の中にある聖性とも結びつける。

イエスが本書で指摘しておられるように、ひとりびとりの中にある火花を見ることとさえできれば、われわれの感じたり経験したりするすべての闇は溶け去り、いま知っているような世界は消え失せるだろう。愛がわれわれのハートの中に、そして兄弟姉妹のハートの中に打ちたてられるからである。

〝キリストの心〟を体現するいかなる存在であれ、心とハートの中に愛の王国を打ちたてる以外のことを求めているわけではない。そもそも、それこそが唯一無二の目的である。マハヴィールはそれを目ざした。聖フランシスコもそれを目ざした。バール・シェム・トブもそれを目ざした。ルーミーもそれを目ざした。

　さまざまな宗教への分化は、この世界の過去の遺物といえる。こうした境界は〝キリストの心〟の中には存在しないし、そこではただひとつの目的のために、すべての存在が一堂に会している。想像するのはむずかしいかもしれないが、そのとおりなのだ。

　ユダヤ教あるいはキリスト教の伝統の中に育ったものなら、必ずイエスの生涯や教えにふれているだろう。この教えは、キリスト教徒にもユダヤ教徒にもあてはまる。さらに言えば無神論者、不可知論者にもあてはまる。

　ユダヤ教徒は、イエスが新しくもたらした信仰を理解し、受けいれる必要がある。そしてキリスト教徒は、イエスの愛と宥《ゆる》しの教えが、いかに恐怖心と罪悪感によってゆがめられてきたかを理解する必要がある。無神論者は、イエスの革命的な平等思想を理解する必要がある。

　イエスを拒否するもの、あるいは台座にのせてまつりあげるものは、どちらも彼の教えを誤解している。だからこそ、だれもがそれを修正しなければならない。イエスはそれぞれに、罪悪感を溶かし去り、恐怖心の中から抜け出す特別のメッセージを伝えてくれる。

　イエスはわれわれに、キリスト教に改宗しなさいとは言わない。キリスト教というようなものはないからである。キリスト教といえば、それは分離の神話になる。それはキリスト教徒をユダヤ教徒やイスラム教徒や仏教徒から分離する。イエスがそんな考えを唱道するとお思いだろうか。

とんでもない。

イエスに従うものは、いかなる分離をも唱道しない。イエスは、自分自身をもふくむすべての存在に対して、愛と宥《ゆる》しを実践した。ユダヤ教徒、イスラム教徒、ヒンズー教徒を兄弟として受け入れた。人を改宗させようとはせず、その信仰に深く根をおろすようにさせた。別の道を選ぶものは、救済を拒まれるとも信じていなかった。イエスの真の信奉者は、神は故郷への多くの道を備えておられると知っているので、その結果については心配しない。

だれでも個人的にイエスと交わりをもつことができる。この関係は、こちらが欲し、信頼していればひとりでに始まるものだ。そこにはテクノロジーも、仰々しい祈りも、秘教的な修行も必要ない。イエスの友情と導きを求めるシンプルかつ真正な願望があれば、それだけでよい。

イエスご自身が、われわれに権威者として君臨しようとしたのではない、ということを明らかにしておこう。イエスは、神以外のあらゆる権威に反対したからである。ただ対等なものとして自分の手をとるように、そして同じような相互信頼と対等な意識をもって兄弟姉妹に手をさしのべるように、と言われた。

イエスの教えは簡潔かもしれないが、それを実践するには、あらんかぎりの注意、あらんかぎりのエネルギー、全的な自己投入が必要となる。すべての人と対等に出会う経験をすること、あらゆる過《あやま》ちを意識化して、さらにそれを宥《ゆる》すことは、革命的な教えである。それはわれわれの罪悪感を洗い流し、恐怖心の暗闇を通りぬけさせる。

わたしはこの執筆計画にかかりはじめて、前の本のときと同じくらいの自己放棄とあけわたしを経験した。しかし、それでも十分ではなかったかもしれない。静かに省みれば、わたしは使えそうな素材を百五十ページぶんほど切り捨てたと思う。それは、人生のこの時期に生み出すべき本ではなかったのだ。何か新しいものが、わたしに対して求められていた。そしてわたしも、わが師に対して、何か新しいものを求めていた。

わたしが求めていたのは、イエスとその教えに対して、こちらがどうかかわっていくべきかを明らかにしてくれるような、簡潔で見通しのよい書物だった。そしてしだいに明らかになったのだが、わたしがそのような本を書きたいと願ううちに、わたし、つまりポール的なものが、わきにのけられる必要のあることがわかった。ポール的アイデンティティを洗いなおしてみる必要があった。その信念体系、語彙《ごい》を解体し、再構成する必要があった。他人との分け隔てを感じさせるような考えを粉砕する必要があった。こうしたことがなければ、本書は生まれなかったろう。

このプロセスを通じて、わたしはイエスについて書物で知った知識よりも、イエス自身との関係に重きをおくようになった。わたしとはちがう信仰をもっているような多くの人々の生活の中で、イエスが生き生きとはたらいておられるのも見た。

信念体系は人々をたがいに分け隔てる。愛の思いは結びつける。「もしわたしの教えに従おうと思うなら、ひとつひとつの思いについても、そうしなさい。たとえ兄弟の考えに同意できないとしても、相手を祝福しなさい」これがつねにイエスの教えだった。イエスはいま、それをさらに広い領域へと拡大しつつあるのだった。

本書をイエスと〝キリストの心〟から流れださせることによって、わたしの生活全般に調整が起きた。文章のスタイルや執筆のプロセスにはさほど変化がなかったが、信念体系に根底的な変化が起きた。「分離感を起こさせるような観念」を除去することが、わたしの日々のスピリチュアルな実習となった。

それが完璧にできたなぞとは、とうてい言えない。だが、その実習、およびこの本には深く感謝している。なぜなら両方があいまって、わたしのスピリチュアルな成長の中でのひじょうに難しい一歩を進めてくれたからだ。

本書があなたにも、自己赦免と非―分離という、簡潔だが深い体験をさせてくれて、その結果あなたの人生が変わることをわたしは願っている。このふたつこそは、イエスが地上での生涯で達成された仕事である。そしてそれは毎瞬、毎瞬、生きてゆくなかで、われわれが手をさしのばしてイエスの助けを乞い求めるときに、イエスが勧めるやりかたでもある。

最終的に人間の苦しみが終わるのは、もう苦しみはたくさんだとわれわれが合意したときである。各人はそれぞれの生涯において、もっとよいやりかたを模索しはじめている。そんなときに、イエスがいまわれわれを見捨てると、あなたはお思いだろうか。あなたのハート、わたしのハートの中にともった、せっかくの小さな火花がしぼんで弱々しくなり、恐怖心、罪悪感、苦痛の犠牲になってしまうと思うだろうか。

そんなことはありえない。

イエス、クリシュナ、ブッダ、そして次元上昇《アセンション》したすべてのマスターは、たったひとつの祈りをささげれば、その中でわれわれをとりまいていてくれる。その祈りは、われわれのハートの中の火花をおだやかに養い育て、恐怖心と羞恥の意識から完璧に抜け出すのを助けてくれる。また経験のなかで窮屈にこりかたまってしまった信念や条件づけを、聖なる啓示の光で照らしだしてくれるだろう。

なぜなら、その光はわれわれの中にあるもので、呼びかければ輝かないわけにはいかないからだ。キリストの光は、われわれすべての中にある。それを、ともに呼びおこそうではないか。愛の名において。

ニューメキシコ州サンタフェにて
一九九三年十二月
ポール・フェリーニ

讃歌

†

在るのは神のひとり子
そしてあなたと彼のみ
彼からあなたは受けとり
彼にあなたは与える
自分自身を見るときは
思いだすがよい
兄弟を見るときも
思いだすがよい

恐れて顔をそむけるとき
次のことだけを思い出すがよい

主体と客体
愛するものと愛されるもの

それらはふたつではなく
おなじひとつのもの

あなたの与えるもの
そしてあなたの受けとるもの

それはおたがいの
鏡の反映にすぎないのだ

無条件の愛――キリスト意識を鏡として　目次

著者まえがき／ポール・フェリーニ　1
讃歌　8

はじめに　15
核となることがら　21
実践　28
兄弟　31
解釈　35
奇蹟の必要性　40
そこにあるものを使う　44
聖なるものにオープンになる　49
耳を傾けることを学ぶ　56
無条件の愛　60
扉を開く　68
努力を放棄する　73
透明さ　82

ハートを目覚めさせる　89
欠乏感を除去する　99
感謝　106
執着からの自由　111
内なる神の栄光　120
別の次元　126
同意という暴君　135
犯罪と処罰　144
力とその制御　152
愛を惜しまないこと　160
愛されることについてのメディテーション　165
客観的現実という幻想　167
奇蹟——行為の終わりへ　172
宥《ゆる》しの道　178
エゴの死　186
贈り物　191
訳者あとがき／井辻朱美　201

画：ハインリヒ・ホフマン Heinrich Hoffman

はじめに

まず最初に言っておきたいのは、あなたがどのくらいコントロールを手放そうとするかに応じて、わたしはあなたを通じて語りかけられるのだということです。その意味においては、あなたは特別な存在ではありません。その意志のある人ならば、だれを通じても、わたしは語りかけることができます。

あなたが何を聞くかは、あなたの心の中にすでにあるものに大いに関係してきます。わたしの声に耳を開く人は、自分の知覚や先入観に応じて、それを聞くことになります。それはしかたのないことです。

わたしの存在への扉を開くためにはまず、わたしと交流したいという願望が必要です。わたしはだれにも自分をむりに押しつけたりしません。わたしとの関係は自発的に、それぞれの準備ができたときに始められるべきなのです。

わたしはあなたが望む度合いに応じて、あなたに近づきます。それは、わたしというものが、すでにあなたの心《マインド》の中にあるひとつの思考であるからです。そしてわたしであるものすべては、その思考から生じてきます。わたしでないものすべてが、別の思考から生じてくるように。このことは経験を通じてわかってくるでしょう。

わたしの代弁者だと主張する人たちがいますが、その人たちは別の声に耳を傾けているのです。わたしの声はだれをも非難せず、またおどしつけもしません。わたしの意図は万人を祝福することですから。わたしはあなたがたに、よくよく言っておきたいのです。あなたがたに罪があるのは、自分の心の中でだけであって、その想像上の罪悪感は滅ぼせるものであり、滅ぼすべきものだということを。

わたしの教えは簡潔です。わたしは罪の宥《ゆる》しを教えます。罪そのものに実体がないことを教えます。それがあたかも在《あ》るように見えるのは、あなたが自分は害されうる存在だと信じているからにすぎません。あなたがたは、自分が肉体であって、その肉体に害が加われば自分に不正がなされたのだと信じます。

その信念を捨て去るのがむずかしいことは、よくわかります。しかし、わたしが求めるのはそのことです。あなたは肉体ではありません。肉体は生まれて死にますが、あなたは生まれもせず、死ぬこともありません。

あなたは、制限をもった思考ではありません。あなたを制限するあらゆる思考は、始まりと終わりをもつ肉体です。この肉体はあなたの信念ののぞき眼鏡《めがね》にすぎません。密度の濃い肉体、薄い肉体がありますが、どれにもすべて始まり、あるいは終わりがあります。すべてはある種の自己限定の形態です。

わたしは制限なき思考です。なぜなら神の無限定性・不定形性の範囲にまで広がっているからです。わたしを閉じこめうる形態はありません。わたしは完璧な宥《ゆる》しのなかで、神とひとつになっています。わたしは罪なきものです。わたしは悲しみなきものです。わたしは自分が不当に遇されることがあるとか、あるいは自分が他人を不当に遇しうるとは信じません。なぜなら、わたしはすべての存在は神において対等であることを、一点の曇りもなく知っているからです。

これを、あなたがたに信じてもらうのがむずかしいことはわかっています。あなたがたが世界の中に見るものの多くが、不公正を示しているからです。しかしこうした不公正は、ただあなたがたの作り出したものにすぎません。これらはあなたがたが抱いている、真理でない観念です。もう、そうした考えを抱いている必要はありません。兄弟すべてに神の愛を及ぼすことによって、それらの観念が本物でないことを示してください。そうすることによってのみ、神の王国は地上で経験されます。

他人がやること、あるいはやらないでいることに対して、あれこれ気をまわし、心配しないでください。自分の思考や行動を向上させることは、その当人の責任であって、あなたの責任ではありません。自分がどう考え、どう行動するかにのみ責任をとってください。あなたが神とともに考え、行動するなら、ひとことも言わなくても人々は感化されてゆくでしょう。

真の慈悲心は、自己責任の中にのみ見いだされるものです。自分自身とまわりの人のために最善のことをし、あとは神にまかせておきなさい。

人のした選択にあなたが責任を感じる必要はなく、またあなたの選択も他人の責任ではありません。しかし、あなたがたはおたがいに学ぶことができ、また学ぶべきなのです。なぜならあなたの選択は、兄弟の選択とそれほど違ってはいないからです。あなたがたは、同じような過《あやま》ちを数多くおかすものです。

過ちは学びの機会です。過ちをおかしたといって兄弟を責めるのは、実際に自分が完全無欠でもないのに、完全無欠のふりをすることです。前にもわたしは同じことをたずねましたが、もう一度たずねましょう。だれがいったい最初の石を投げるのか〔訳注　姦通罪に問われた女が石で撃ち殺されそうになった現場に来あわせたイエスが、「あなたがたの中で罪のないものが、まず石を投げるがよい」と言ったことをさして〕。

あなたは心の中で兄弟をあれこれあげつらいますが、その判断・批判から彼を解き放つのです。解き放つことは、愛することです。なぜならそれはその人を、いかなる判断・批判をも超えた、愛のみしか存在しないところに置くからです。

自分の思考を自在に使いこなすことこそ、悟りへの第一歩です。わたしとともに歩むか、わたしに背を向けて歩み去るかは、あなたの思考の中で起きることですから。

あなたがたとちがい、わたしはつねに変わりません。あなたがたから歩み去ることは決してありません。つねにあなたのそばにいて、あなたがわたしに気づくのを待っています。

わたしのようになりたければ、わたしのように考えることから始めてください。わたしのように考えたければ、あなたの抱くすべての考えをわたしの手の中においてください。それが役に立つ考えかどうか、わたしが教えましょう。役に立たない考えは除き去るべきです。これがマインド・トレーニングのエッセンスです。わたしたちを祝福し、真実に向かわせる考えのみを残しておくべきです。

わたしの教えは、誤った考えすべてをおびやかすものなので、かつてもいまもゆがめられてきています。おびやかされた誤った考えは、わたしの教えをつかまえ、自分の目的に合う型にむりにはめこんでしまいます。ほどなく、わたしの言ったとされる言葉が、わたしのほんとうに言った言葉の正反対になってしまいました。

ですから、よく目を覚まし、気をつけていてください。しかしこの変形に抵抗したり、攻撃したり、無効だと証明したりしようとしないでください。そうすれば、それを強化するだけです。自分の心の中でのみ、きちんと納得していて、真実を愛し、誤りを拒絶してください。

たったひとつの誤った考えでも、それをいだく心を絶望に追いやることがあります。しかし、たったひとつの真実の考えは、王国をふたたびよみがえらせます。ですから賢明にあなたの思考を選びなさい。どう考えるべきか自信がもてないときは、そのジレンマをわたしにあずけなさい。

わたしにあけわたすということは、この世界であなたが知っているような、いかなる種類のあけわたし、降伏とも違っています。世界は、あなたがあけわたしをすると、すぐさまそれを使ってあなたをコントロールしようとしますが、わたしはそれをおだやかに用いて、あなたを誤りから解き放し、真の〝自己〟につれもどします。

わたしのわざをするものは、あなたに対して、いまあるがままの自分自身を愛し、肯定しなさいと力づけます。そうでないものは、あなたの欠点をあげつらい、自分たちでもって正そうとします。そういう人たちは、あなたの救済のためだといって、あなたを自分たちに依存させます。そうしたうそを受けいれないでください。よく見きわめるようにしてください。この地上のだれも、あなたが自分自身とわたしに対する信頼を通じて見いだす答えよりも、すばらしい答えを見いだすことはできないのですから。

核となることがら

あなたに一番つらくあたっているのは、あなた自身です。あなたの兄弟姉妹も同じなのですが、あなたもまた自分がどこか欠けていて価値がない、という基本的な感覚に悩まされています。自分がおそろしい失敗をおかしていて、遅かれ早かれ、権威ある人間、または抽象的なスピリチュアルな存在——たとえば神とかカルマの法則とかいったもの——によって罰せられるだろうと感じています。

自己の価値に関することのような未解決の問題が、具体的にあなたの状況となってあらわれているわけです。つまり、それらを実現化させるために、ここにいるということになります。あなたは、自分の罪悪感を増幅させるような両親を選び、自分でその罪悪感に気づくことができるようにしました。ですから両親を責めてみても、あなたがたがじつは愛にもとづいて設定したこの状況を変えることはできません。唯一の脱出口は、自身の罪悪感や恐怖心に根ざした信念や人間関係のパターンに気づき、その気づきを広げてゆくことです。

だれか特別な人を探して、両親からは得られなかった愛をもらおうとしても、うまくいきません。ただ圧力釜の温度をあげるだけです。選んだ異性が、じつは関係を修復すべき親とそっくりだったと気づいても、驚くにはあたりません。あなたは自分の傷と、しっかり向き合うしかありません。両親、伴侶、子どもは、あなた自身の癒されるべき場所を示してくれています。あなたもまた、かれらの人生において、そういう役割をはたしています。

これは良いとか悪いとか、こうであるべきだといったさまざまの条件・制約によって成立しているこの世界の中で、だれかに無条件の愛を求めても、失敗は目に見えています。なぜなら、兄弟姉妹のほうも自己の無価値感から行動しますから、あなたの期待するような愛は与えられませんし、あなたもまたそうです。一番よい道はおたがいが自分の必要とする愛への気づきを高めていくこと、自分の責任で、自分にその愛を与えはじめることでしょう。

自身の傷に対して自分で愛を与えるという責任をとらないうちは、攻撃―防御、罪悪―非難という悪循環から抜け出ることはできません。怒り、傷つけられたという思い、裏切られた感じ、それらはあたかも正当なように見えますが、おたがいのいさかいの火に油を注ぐだけでなく、自分は愛されないし、愛する能力もない、という無意識の信念をたえず強めていきます。

自分自身がどれほど自己を憎悪しているかに気づく必要があります。鏡をのぞいて、そこに自分の信じていることがそっくり映っているのがわかるまでは、まずは日々出会うすべての兄弟姉妹を鏡として、自分が自分をどう見ているのかを知ることができます。この実践は特にむずかかしくはありませんが、天国への最短直行距離というわけではありません。自分の見ているものは、よその人への教訓なのだと考えがちだからです。

この世界のいまわしい心理戦争からのがれるには、投影というゲームをやめることです。このゲームは自分の無意識の中の死への衝動を、それは悪いというせまい道徳倫理で、自分の目からもおおい隠してしまいます。皮肉に聞こえるかもしれませんが、自分は正しくて悪いのは兄弟なのだと主張しているその瞬間に、あなたは自分自身の罪悪感と劣等感を拡大しているのです。

非難の悪循環から抜け出るには、非難をやめるしかありません。ただし、覚悟してください。苦しみの円環から抜け出ようとすると、世間からはよく言われないでしょう。まず最初に攻撃の矢面に立たされるのは、この世界の投影ゲームに参加しない人たちです。あなたがたがわたしの生涯から教訓を受けとるとしたら、まずはそのことです。

自分自身の恐怖心をだれかに投影せず、自分のものとして自覚する人は、この世界のゲームをおびやかすのです。自分自身の殺人衝動を認め、その根を自分の意識の中に探そうとする人は、社会をとりまとめている道徳倫理をおびやかします。

人間社会においては、正義があり、悪事があります。正義をおこなう人は報われ、悪事をはたらく人は罰せられます。つねにそのようになっていました。

わたしの教えは、この基本的前提をゆるがします。まず、ごく表面的なレベルでは、悪人は罰せられるべきだという考えに抵触します。処罰せよという大合唱にわたしは立ち向かい、宥《ゆる》しを主張しつづけるでしょう。

より深いレベルでは、わたしの教えは、これこれの行いをしたらその人は非難されるべきだ、という考えそのものにも抵触します。だれかが誤った行いをしたら、それは当人が誤った考えを抱いたからです。その考えが誤りであることに気づけば、行いを変えられます。ですから、その人をそちらの方向に導くことは社会の利益になります。しかし、もしそこに処罰が持ちこまれたら、その人の誤った考えにはさらに拍車がかかり、さらに罪悪感が増し加わるでしょう。

「悪事をふたつ重ねても、ひとつの善事にはならぬ」という言い回しを聞いたことがありますか。これこそ、わたしの教えの中心にあるものです。あらゆる悪事は、正しいやりかたで修正されなければなりません。それ以外の修正方法は、攻撃となります。

相手の議論をねじ伏せようとしたり、まちがいだぞと言い負かそうとしても、相手はいこじになるだけです。それは暴力的なやりかたです。これに対して、わたしのやりかたは非暴力的です。わたしの場合は、こうすれば問題は解決するという解答を実際に行動で見せてあげます。それは苦しんでいるものに対し、攻撃ではなく、愛をもたらします。このやりかたは、本来の目的にかなっています。

よくないこととは、罪悪感を教え、苦痛や苦しみが必要なのだという信念を確立することです。

正しいこととは、愛を教え、それにあらゆる苦しみを乗りこえる力があるのを示すことです。かんたんに言えば、正しくあればよくないことはできないし、よくない場合には正しいことはできません。正しくあるために、正しいことを行いなさい。

愛の感じられないやりかたでは、真に愛することはできません。ほんとうに正しい人間なら、誤りを攻撃する態度はとれません。誤りはもちろんなくすべきです。しかし、すべての誤りの根源は恐怖心ですから、恐怖心の撲滅が誤りの修正につながります。

愛という反応だけが、恐怖心を無力にできます。信じられないのでしたら、ためしてごらんなさい。あなたが、恐怖心を起こさせるだれか、あるいはそういう状況を愛してみれば、恐怖心は消えてしまうでしょう。これはほんとうです。それは愛が恐怖心の解毒剤であるからというよりも、むしろ恐怖心は「愛の不在」だからです。ですから、愛があらわれたところに、恐怖心はいすわることはできません。

あなたがたのほとんどは、恐怖心についてはかなり理解していますが、愛についてはほとんど知りません。あなたは神を恐怖し、わたしを恐怖し、おたがいを恐怖しています。

なぜ恐怖を抱くのですか。それは、自分に愛される値打ちがなく、おたがいを愛する能力もないと信じているからです。

たったひとつ、この信念を変えさえすればよいのです。人生のすべてのネガティブなものは、自分についてのこの誤った信念をぬぎすてたとたんに、はがれ落ちます。

友よ、あなたは自分で考えているようなものではありません。ネガティブな信念や行動の単なる集合体ではありません。自分ではそう信じているでしょうが、そうではありません。

あなたはわたしと同じように、神の子です。神の真実と善は、あなたの真実と善です。この事実を一瞬でも受けいれるならば、あなたの人生は変容します。この事実を一瞬でも、兄弟についても受けいれるなら、あなたがたのあいだの葛藤は終わります。

あなたが目にしているのは、自分の信念の直接の結果です。自分が罪深いと信じていれば、罪深い世界があらわれます。罪深い世界は罰せられることになるでしょうし、あなたも同じ運命をこうむるでしょう。

「神はあなたを打ち倒される。神は世界を滅ぼされる。神が復讐《ふくしゅう》をなされる」これらの言葉こそ、友よ、あなたの考えていることなのです。これらは——冒瀆《ぼうとく》的に聞こえるかもしれませんが——あなたがたのほうがわたしに押しつけた、ばかげた考えです！　幸い、わたしにはわかっています。これが、あなたがたが自分を痛めつけるための粗雑なやりかただということが。

こんな小手先の操作は問題を先送りにするだけです。そのうち、あなたも飽きてくるでしょう。罪悪という考えかたぜんたいを、個人としてのあなた——そして集団としてのあなたがた——はやがて拒絶するようになり、故郷へ帰りたくなるでしょう。

友よ、あなたがたが完全に正直になり、責任を引き受けることになるその瞬間がくることを、わたしは確信し、喜びをもって待ちのぞんでいます。あなたが自分と兄弟の善をひとつのものとして見る日には、神からあなたをへだてるすべてのものがはがれ落ちて、あなたは輝かしい姿でわたしのわきに立つことになるでしょう。

そのとき、あなたは一点の疑いもなく、あなたを愛している神の愛を知るのです。そのとき、あなたは〝彼女〟がただの一度もあなたを見捨てたことがなかったのがわかるでしょう。たとえあなたが、〝彼女〟の罰が自分にくだり、世界は破壊されるだろうという血迷った考えにとらわれていたさなかにもです。そのとき、あなたは自分の心の創造の力を知り、そして神と別個にではなく、神とともに創造することを選ぶでしょう。

実践

「実践」という言葉自体、誤解をまねきそうです。すでに知っていること以外に、なにを実践できるというのでしょう。そしてあなたの知っているものは、罪悪感、恐怖心、攻撃欲だけではありませんか。おそらくあなたも、いまの苦しみのもととなった信念や自動反応を、これ以上実践したくはないでしょう。

では、なにを実践しますか。とりあえず、気づくことから始めましょう。自分の罪悪感、恐怖心、攻撃欲に気づくようにします。それらを見て見ぬふりをしたり、否定したり、あいつのせいだと別の人に投影したりしないように。ただあなたの意識の中にわきおこってくる、その現象を見つめます。

怒りや落胆を感じたら、ただ、こうたずねなさい。「なぜ、わたしは怒っているのか。なぜ、自己防衛の必要を感じているのか？　なにをこわがっているのだろうか」自分にこう問いつづけると、怒りと恐怖心の源がうっすら見えてきます。これらの感情の層を抜け出したら、自分自身にたずねます。「さて、わたしの罪とはいったいなにか」

あなたは、いったいなんの罪のことを言っているのでしょう。人生におけるあらゆるネガティブな感情は、自分の無意識の〝罪悪感・自己卑下の思い〟からわきあがってきます。それを意識しなければなりません。それに気づくことで、手放せます。

自分はどこか不足だとか、価値がないというような感情は、その償《つぐな》いをさせられるという恐怖心を生み出します。もし自分に悪いところがあるとか、何か悪いことをしたとか思えば、罰せられると思い、恐れます。罰を恐れていれば、仮想の攻撃に対して自己防衛をするようになります。だれかに自分の価値がおびやかされたと感じたとたんに、そのひきがねを引いてしまうのです。

しかし、この罪悪感と自己処罰のシナリオは、心《マインド》の中で起きているにすぎません。だのにそれを外に投影すれば、他の人をまきこんで、とことんそれにはまりこんでいってしまいます。これでは泥沼です。自分がその事件に持ちこんでいる複雑な心理的葛藤に気づかずにいて、敵とみなした相手と戦いつづけるのは、まったくの的外れです。

自分自身の思考を、よく吟味するようにしてください。あらゆる苦しみの根には罪悪感があること、そして自己を宥《ゆる》すのが必要だということがわかります。自己を宥《ゆる》さなければ、罪悪感からは解放されません。こういうわけで、贖《あがな》いのドラマもまた、じつはあなたの心の中でだけ起きているのです。

自分が無実であるか、あるいは有罪であるかを、あなたは自分の心の中で決定します。どれだけ多くの人に悪く言われても、それは関係ありません。その人たちを責めても、なんにもなりません。判決をくだす裁判官はあなたです。あなたが自分の問題をだれかのせいにして責めているかぎり、自分自身への無罪宣告をも拒んでいるのです。

判事や陪審員は、あなたの思考の中に住んでいます。自分が有罪だという判決を出してしまっているのでしたら、こんどはそれを無効にしなければなりません。自分の罪悪感を切り崩さないかぎり、自分の無実を見いだすことはできません。自己への宥《ゆる》しだけがこのプロセスにかかわります。他人を宥《ゆる》すことはこのさい、まったく関係ありません。自分を罪人扱いした自分を、宥《ゆる》すことあるのみです。

これが「実践」の内容です。この作業ができない状況はありえません。人生のすべてのシナリオは、自己探究の領域の中にあります。あらゆる考え、あらゆる感情をよく吟味すれば、自分の罪悪感と、それが生み出す苦しみのほんとうの源に、気づくことができるでしょう。

だれも、この作業をしないですますことはできません。これは目覚めのカリキュラムにとって欠かすことのできない部分です。それに早く気づけば気づくほど、楽になれます。

兄弟

あなたはいつも自分の人生で、兄弟の存在を重く考えすぎています。たとえば、自分の問題をすべて兄弟のせいにし、わたしにやったように十字架につけます。かと思えば台座にのせて敬い、わたしにやったように、ひたすらにあがめたてまつるのです。

兄弟をあなたと対等のものだと見るのは、昔からむずかしかったようですね。あなた自身を愛するように隣人を愛しなさい、とわたしが説いたとき、それはいろいろな状況で使える簡潔なルールのつもりでした。ところが残念ながら、自分自身を愛していないと、隣人を愛するという幸運にまで手がまわりません。

自分自身を愛するのを学ぶことと、兄弟を愛するのを学ぶことは、同時進行です。兄弟を愛して自分を憎むことはできませんし、自分自身を愛していて兄弟を憎むこともできません。兄弟に対する感情は、自分自身に対する感情を鏡に映しているにすぎません。

そんなわけですから、兄弟とのかかわりあいは、あなたが自分自身の中のなにを宥《ゆる》さねばならないかを見せてくれるでしょう。あなたが兄弟の出すぎたふるまいを宥《ゆる》すことが、相手が自分を宥《ゆる》すことにつながれば、そのかぎりにおいて、それも意味があります。同じように兄弟があなたのふるまいを宥《ゆる》してくれて、そのおかげであなたが自分を宥《ゆる》すことができたとすれば、それなりの意味があります。

でも他人からの宥《ゆる》しは、あなたがそれを必要だと信じている場合にだけ必要です。たいていの人がそうなのですが、宥《ゆる》してもらわねばと思いこんでいると、償《つぐな》いをすることが重要になります。宥《ゆる》しを乞うことは、その事件に関して、自分の心を変える準備ができていることのあらわれです。これはプロセスの重要な第一歩です。

しかしながら、あなたを宥《ゆる》す「力」を兄弟に与えてしまうのは、誤りです。それでは、力をあなたの外においてしまいます。外に力はありえません。兄弟に宥《ゆる》しを乞うのはいいでしょう。しかし、宥《ゆる》してくれなければ自分は永遠に宥《ゆる》されないのだ、と考えてはなりません。じつは宥《ゆる》しとは、つねにあなたに与えられているものなのです。宥《ゆる》しを与えない人は、それを自分に対しても拒んでいるというだけにすぎません。

自分が兄弟を非難していることに気づいたら、自分の非難相手は、ほんとうはその当人ではないということがわかります。非難しているのは、自分が認めていない、自分の恥ずべき部分です。兄弟にどこか欠けたところがあると感じたら、いい気持ちにはならないでしょう。それは自分自身の無価値感をもつのらせるだけです。

正義も救済も、兄弟を攻撃することによっては得られません。実態をよくごらんなさい。あなたが兄弟の手に打ちつける釘《くぎ》はすべて、自分自身をも十字架に打ちつけています。わたしがそのよい例です。すべての攻撃がとだえるまで、わたしはずっと十字架にかかったままでいるでしょう。そのときまでは、あなたもわたしも同じです。どちらも十字架にはりつけられています。

兄弟とのかかわりの中には、シンプルな選択があります。相手を無罪とするか、有罪とするかです。この選択は何度も何度も、毎日、毎時、毎秒やってきます。ひとつの思いで兄弟を幽閉し、べつの思いで釈放します。相手をこう扱おうと決めたやりかたで、あなたはあなた自身を裁くことになります。

兄弟をひきずりおろすことによっては、天国に行けません。しかし兄弟を背負ってつれていこうとしても、やはり天国には行けないのです。あなたがたにはひとり残らず、自分自身の無実を見いだす手だてが与えられているからです。ただ、兄弟のありかたを認め、その旅を祝福しなさい。助けを求められたら、よろこんで助けなさい。しかし、彼が自分でなすべきことを肩代わりしてはいけません。

境界を超えて成長しようと思うなら、まず適切な境界線が必要です。あなたの心の平和や幸福を兄弟の責任にせず、また兄弟の平和や幸福を自分の責任にもしないことです。兄弟はあなたを救うためではなく、自分を救うためにここにいるのですから。

しかしそのいっぽうで、兄弟に浴びせていた不満や愚痴から、当人を解放しなさい。兄弟に対しては、いかなる方法でも愛の出し惜しみをしないでください。彼を幸福からひきもどそうとすることは、攻撃であり、あなた自身を恐怖心と罪悪感の中に閉じこめることにもなります。

兄弟から助けを求められたら、避けてはなりません。相手がのぞむかぎり、そばでともに学ばせてあげなさい。彼のほうで離れてゆく準備ができたら、祝福を祈って送りだすのです。旅に必要な食べ物と水を与えます。恩に着せたり、意志に反してひきとめたりしないように。

兄弟の自由は、あなた自身の自由のシンボルにすぎません。ですから、来るのも去るのも、彼の好きにまかせるのです。来たときは歓待し、去ってゆくときは快く送りだします。それ以上のことは、あなたにはできません。それでじゅうぶんです。見知らぬ人すべてをそんなふうに手厚く扱いなさい。そうすればわたしは、信頼がもどり慈悲心が支配する世界を見せてあげられます。

自分を愛するように隣人を愛しなさい。自分と相手を同じように扱いなさい。彼のために自分を犠牲にしたり、彼に犠牲を払わせたりせず、あなたのできるときに彼を助け、必要なときには感謝して、彼の助けを受けいれなさい。このシンプルでおごそかなやりとりこそ、愛と受容のありかたです。おたがいの信頼と尊重のあらわれです。

これ以上はやりすぎです。これ以下では足りません。

解釈

あなたは自分の人生に起きることがらを、自分の核となる信念や、その事件にひきおこされた感情の状態にもとづいて解釈します。たとえば期待はずれの事件が起きれば、それは自分に欠けたところがある感じや罪悪感に直結していきます。

期待がかなえられないとき、あなたは単に軌道修正を受けとっているだけです。状況の真実を見ていないのだよ、と言われているだけです。自分の知覚を広げなさいと言われているだけです。修正は攻撃ではありません。処罰でもありません。

思いどおりにならないときに、自分が攻撃されている、罰せられていると感じるのは、まったく罪悪感のなせるわざです。罪悪感がなければ、修正を感謝して受けとり、理解が広がって、新たな知識がそこに加わるだけです。

あらゆる経験は、たったひとつの目的のために起きています。その目的とは、あなたの気づきを拡大することです。人生の経験の中にそれ以外の意味を見いだすとしたら、それはあなたが創作した意味です。意識的には、これこれが起きるだろうと確信していなかったかもしれませんが、起きてしまえば、ほとんどの場合、あなたはその事件を自分の信念にしたがって、「やっぱり」と解釈します。

あなたには本来、経験を受けいれ、学ぶ自由があります。もちろん、経験を拒否することもできます。そこから学ぶまいとすることもできます。しかしそういう選択は、苦しみにつながるばかりです。そのことをまだ知らないとしても、じきに知ることになるでしょう。

あなたは、こうたずねるかもしれません。「経験を受けいれ、そこから学ぶことで、苦しみをとりのぞけるのですか」これは、じつにいい質問です。苦しみをとりのぞけるばかりでなく、神との一体感をも経験できます。経験を腕の中に抱きいれることで、修正が受けとられ、思考は〝聖なる心《マインド》〟と同調していきます。

人生は抵抗でもありうるし、完全なあけわたしでもありえます。どちらにするかは選択の問題です。抵抗すれば、苦しみが待っています。あけわたしてしまえば、祝福がきます。抵抗とはひとりで行動するぞ、と決意することです。あけわたしとは、神とともに行動するという決意です。

他人の考えや行動を批判することによっては、生の喜びは経験できません。自分のハートの中の真実に従いつづけることによってのみ、喜びは経験できるのです。そしてこの真実は、けっして他人を拒絶せず、中に迎えいれます。

真実は、開かれたままの扉です。この扉を閉めることはできません。入らないことを選択できるだけです。別の方向から入ることもできます。でもこう言うことはできません。「入ろうとしたけれど、扉が閉まっていた」と。扉はあなたにも、ほかのだれに対しても、けっして閉ざされたことはありません。

扉が眼前でぴしゃりと閉められたように見えたとしたら、それはあなたが自分の経験におそろしい解釈をくだしたからです。扉は閉まっているものと、信じていました。そのようなことはないにもかかわらず、扉が閉まっているというあなたの信念によって、あなたもまわりの人間も、そうかもしれないと思わせられることがあるかもしれません。

あなたがたはみな、真実を手にとってねじ曲げる名人です。なんにでも持たせたい意味を持たせることができる創造性をもっています。「イエス」という答えを「ノー」に変え、誤りを正義に変えることができます。あなたがたの信念は、それほど強いものなのです。

しかし、あなたがたが真実をねじ曲げたからといって、真実が真実でなくなるわけではありません。ただ、いままでは、真実を自分の目から隠すことに成功してきたというだけです。

ですから、自分の経験をどう解釈するかはたいへん重要です。腹立たしい経験に遭遇したときに、修正を受け入れますか。それとも自分が不当な目にあわされていると主張しますか。あなたは起きたことの犠牲者でしょうか。それとも、それを学びに役立てる人間でしょうか。あなたは経験を祝福として受けとめますか、処罰として受けとめますか。これはあなたがたえず自分自身に問いつづけるべきことです。

あらゆる経験は、真実を受けいれて、思いこみの幻想を拒絶するための機会です。この観点からみれば、どんな経験もそれ自体でいいとか悪いとかはいえません。あらゆる経験には、同じように力があります。すべてはただ、あなたの神聖さの生まれるべき土壌として存在しています。

だからこそ、あなたは絶望してはなりません。あなたにはつねに、心を変える機会があります。そんなことはないという人たちに耳を貸してはなりません。最終宣告のようなものはありません。あるのは、わたしの目を通してあなたが自分自身を見たときに、自分に対して行う宣告だけです。

おそらくこの瞬間には、まだわたしの言うことが信じられないでしょう。人の苦しみは自分のせいだとか、自分は他人のふるまいの犠牲者だと思いこんでいるかもしれません。あなたがいま、わたしの言葉を拒絶するからといって、わたしはあなたに話しかけるのをやめはしません。あなたが目覚めるまでにどのくらい時間がかかるかは、わたしにとっては問題ではありません。

そう、時間はわたしに関係ありません。ほんとうのことをいえば、あなたにとってもそうです。あなたには、過《あやま》ちをおかし、それから学ぶだけの時間がたっぷりあります。

あなたがた全員が学ぶべきことを学び終えたとき、この世界はもう必要ではなくなります。これほどまでに永続的に見える物理的な宇宙は、無の中に溶け去ってしまうでしょう。いったんあなたがたが目覚めれば、もうこの宇宙は用なしです。そのときは近づいています。でも、目前というわけではありません。

川の流れに逆らおうとしないでください。押し戻そうとしてはいけません。なんの役にも立たないでしょう。〝聖なる心〟はいままさにここで、あなたの心の中で働いています。そのことを信頼しなければなりません。

奇蹟の必要性

奇蹟とは、あなたの心の中に〝聖なる心《マインド》〟が働いていることのあらわれです。奇蹟は二千年前とおなじように、教えの手段として必要なのです。すべての奇蹟は、愛は恐怖心よりも強いという事実の証明です。

あなたの世界のどれほどの部分が恐怖心からできあがっているかを、軽視しないでください。まわりをごらんなさい。自分の考えの中身をごらんなさい。恐怖心がとりつくことのできないような場所があるでしょうか?

あなたがたをがっかりさせるために、この話をしているのではありません。現実的になってもらいたいのです。あなたの世界のものごとを、あるがままにごらんなさい。自分の思考が発明したものをごらんなさい。思考のどれほど多くが恐怖心に根ざしているかに気づかないうちは、あなたは愛することはできません。

恐怖心にみちた思考に気づくことで、べつの道がひらけます。しかしどうか、ネガティブなもの、恐怖心に満ちた思考を、ポシティブなもの、愛の思考でおきかえようとがんばらないでください。それは葛藤をもたらすだけです。ただ、気づきだけをはたらかせます。自分の恐怖心に気づき、それを感じてみます。

そうして、それを十全に感じたら、ただこう言ってください。「わたしはいま、自分の恐怖心から抜け出す準備ができました。父よ、どうぞ力を貸したまえ」そして、自分の求めた助けがやってくるのをよろこんで受けいれてください。あなたの願いがしりぞけられることは決してないと、わたしは保証します。

助けを求めるとき、あなたは恐怖心より偉大な力があることを認めたことになります。そしてまた、人生から恐怖心と葛藤をとりのぞくために、その力とともに努力したいのです、と言うことにもなります。

もうひとつ提案しておきましょう。助けを求めるときには、自分の思考を変えてください、と願いなさい。ですから、こう確言します。「父よ、この状況に対する自分の心を変えたいと思います。どうか、この状況を恐怖心の目を通じてではなく、あなたがごらんになるように見させてください。自分自身とひとしく他の人に対する愛をもって、この状況を見させてください」

兄弟よ、これはめざましい効果のある祈りです。祈りの中にとどまりなさい。その力と平和の中にいなさい。すべての言葉、すべての動き、すべての行為の中に、神の答えを受けとりなさい。奇蹟は、よろこんで受けいれる準備ができて初めて体験できます。

奇蹟を体験するためには、次の条件が必要です。

1．自分がそれを必要とすることをわかっている。
2．真剣にそれを願い求める。
3．喜んでそれを受けとる。

これら三つがととのえば、奇蹟はあらわれます。

奇蹟が人生に起きたとしても、残念ながら気がつかないこともありえます。なぜでしょうか。それは、奇蹟とはこういう形であるべきだ、とあなたが先入観で決めこんでいるからです。ですから奇蹟がすぐ隣にすわっていても、それとわかりません。

奇蹟が目に入らなければ、なんにもなりません。奇蹟をハートに受けいれようと思うなら、それは自分の期待とはちがう形かもしれないということを理解しておいてください。あなたの人生における奇蹟の存在に心を開き、それがみずからをあらわすのを許してください。

あなたは、こういう問いを口にするかもしれません。「なぜ神は、わたしの求めたとおりの奇蹟をくださらないのですか？」その答えは、その奇蹟があなたを恐怖心から自由にするものでなかったからです。そういう場合には、それは真の奇蹟とはなりえないので、あなたの恐怖心はふたたび、また同じ奇蹟を願わざるをえない状況を作り出します。

神からくる答えだけを、あなたの祈りの答えとしてください。これこれが必要です、と訴えるまでもありません。あなた自身より、神のほうがよくご存じです。そのことを信頼してください。あなたの人生における神の存在に、心を開いてください。前向きに神から学び、神について学ぼうとしてください。その前向きな意志の中で、恐怖心は消えてゆきます。その意志をもてば、本来の真の自分が目覚めてきます。

そこにあるものを使う

人生で有意義な貢献をするために、わざわざ人生の歯車を再調整しなおす必要はありません。あたりを見回せば、自己を表現する小径《こみち》がたくさんあるのがわかります。どの小径も、あなたに完全にぴったりとはいえません。あなたが自分を合わせなければならないような小径もあります。それでもいいのです。適応できる、ということはよいことです。同じことを言うにもするにも、いろいろな方法がある、ということを理解するのはよいことです。

もしあなたが完全な形——たとえば完全な仕事、完全な人間関係——を求めていれば、いつもいらいらに悩まされます。この世界は、そういう面では完全なものを与えてはくれません。世界が与えてくれるのは成長と変化の機会であって、それは、あなたがひとつの自己表現の形に固執していなければ、むずかしいことではありません。

そのときどきで、使える形を使ってください。先入観を捨てます。毎瞬があたらしい瞬間です。すべての状況が、あなたのちがう面をひきだそうとします。

あることをある特定のやりかたで言ったりしたりすることに固執すれば、時間に縛られることになります。そういう執着は、あなたを過去に縛りつけます。やってくる経験がたずねているのは、あなたが喜んで過去を手放すか、喜んで信頼に身をゆだねるか、喜んで時間の外に踏み出すかどうか、ということです。

あなたが形に執着しなければ、時間の外に踏み出すことはかんたんです。あなたはいま現在に焦点をあわせます。永遠のいまです。どんなことが起きようと、そのことに全身でかかわっていけます。

でも、あなたがたの中でどれほどの人が、経験のなかで完全に現在という瞬間にいるでしょう。たいていの人は、経験を評価したり、判断したり、アラ探しをしたり、こうあってほしいという色眼鏡《いろめがね》で見たりという作業で手一杯です。つまり、あなたがたはにせのアイデンティティにしがみついています。現在を過去に合わせようとしています。

率直に自分にきいてみてください。あなたは、確実不動で予測可能な人生をのぞんでいますか。それがあなたの求めるものでしょうか。もしそうなら、この世界はそれをかなえてはくれません。この世界のすべては、変化のプロセスの中にあります。なにひとつ確実不動なものはありません。予測可能なものはありません。一時的な安全以外のものは与えてくれません。思考は来て、また去っていきます。人間関係は始まり、終わります。肉体は生まれ、滅びます。この世界が与えてくれるのはそのようなことです。つまり、無常、成長、変化です。

永遠というものは、形のレベルでは見いだせません。あらゆる形はその本質上、本来、形なきものである宇宙をゆがめてしまっています。すべてを包含し、受容し、すべてを愛するものは、形の中に閉じこめられたりしません。愛はその対象を選んだり、愛があらわれる瞬間を選んだりしません。愛はすべてのものに対し、つねに及んでいます。愛は条件をもたないものです。つまり「形をもたない」ものです。

ではこの世界で愛を経験することはできない、ということになるのでしょうか。まったくそんなことはありません。ただし、あなたの愛の経験は、あなたの解釈欲求やコントロール欲求の程度に応じて縮小されます。解釈は、条件をつけてはならぬものに、条件をつけます。愛に条件をつければ、あなたの経験するものは愛ではなく、その条件になります。あなたは形に出あうのみで、中身には出あいません。

愛は開いたハートを通じてのみ、表現されます。ハートを開くということはテクニックによるのではなく、概念的な定義の範囲を超えてあふれでる意欲によるものです。ひとつひとつの形が変化するにつれ、ハートは変化してゆくその中身に対し、恐れなく開かれます。

なにかを理解しようと思うなら、形をつきぬけて、そのむこうにある創造的な意図に目を向けねばなりません。人の表現の背後にある意図に同調すれば、その表現が当人にとってどういう意味があるのかが、もっとよく見えてきます。でも形しか見ていなければ、それが自分にとってどういう意味があるのかしかわかりません。

「形をつきぬけて、そのむこうを見る」ということは、すなわち「自分自身の先入観のむこうに出る」ということです。兄弟の真の姿をありのままに見るためには、自分が相手にはりつけている判断のむこうに抜け出なければなりません。相手のことを知りたいのなら、相手に近づいて、ハートを開き、なにを意図しているのかたずねなさい。相手について知るには、そのやりかたしかありません。

相手の意図が変化すれば、そのあらわれである形もまた変化します。自分自身や他人の意図に敏感であれば、変化する形にも楽に対応していけるでしょう。

形に執着しなくなるには、人と疎遠になるよりも、親密になることです。相手とのあいだに距離をおけば執着しなくなるのではなく、逆です。あなたが他人を自分のハートに迎えいれたときだけ、その人たちにしがみつくことなく、自由にさせてあげることができるのです。

慈愛と、執着を手放すことは、同時に進行します。相手を愛していればコントロールしようとは思いません。相手にとって一番よいことを望めばこそ、相手を自由にさせてあげられるのです。相手に自由を与えないのは、愛していることにはなりません。

形への執着は、根深い不安定さや不安感から出てきます。その執着の向こう側に行けるまでは、そのことはわからないでしょう。でもその移行は、避けられないものです。人生の青写真にすでに描かれていることです。

　どのような人生の状況も、他人とより親密になり、かつ、より自由になるという機会を与えてくれます。あなたは愛すれば愛するほど、そして多くの人をより深く愛するほど、個々の人に執着しなくなるでしょう。特定の個人に執着するのではなく、それぞれの人がさしのべてくれる愛に執着するのです。そして身体を超えた、あらゆる形を超えた〝聖なる愛〟の経験へとうつっていくことになります。

　いま現在のどんな形でも使えるものを使いなさいというのは、柔軟で受容的になってほしいということです。意図のレベルへ入っていってください、ということです。定義したりコントロールしたりしない親密さの中に入っていってください。もしそれができれば、形に制限されたり、とらわれたりしなくなります。その場で臨機応変にふるまえるようになります。

　これが、わたしのさしあげられる最上のアドバイスです。期待をもたずに、結果にしがみつくことなく、いま現在の瞬間にいること。あなたにさしだされた形が気にくわないとぐちったり、逆にまた、それに過剰な意味づけをしたりしないでください。完全性はあなたの外部にはありません。

　真実を見つけたいなら、自分の中を見てください。自分自身の意図を見るのです。そうすれば、ほかの人の意図を見誤ることはなくなります。

聖なるものにオープンになる

万人が善である、ということを理解するまでは、自分自身の中にも、他人の中にも、善を見つけるのはむずかしいでしょう。あなたは善を見つけたと思うと、悪も見つけます。「これは良い。これは悪い」これが、あなたが自分と兄弟をはかるものさしです。これでは平和な気持ちにはなれません。

あなたの兄弟は善人でも悪人でもなく、あなたもまたそうです。そして、だれもみな善人でしかありえません。自分の中には悪いところがある――そして良いところはほとんどないか、皆無だ――と信じているかもしれませんが、それはまちがった信念です。その信念にしがみついているかぎり、自分をむち打ちつづけるか、他人をむち打ちつづけるかです。

あなたがたみなは善人でしかありえない、とわたしが言うとき、それはどういう意味でしょうか。ネガティブな考えやふるまいをすることが不可能ということでしょうか。もしそうであれば、あなたはいまいるところにはいないでしょうね。あなたがたの世界はネガティブな思考やふるまいと、ポジティブなそれとの混合物です。その世界はうすぐらくて闇と光がまじりあっています。

しかしあなたの経験するこの世界を形づくっているのは、思考のみです。心《マインド》からネガティブな考えを追い出すことができれば、まったくちがった世界に住むことになるでしょう。

善である考えしかないような世界では、比較は不可能です。比較がなければ、解釈もなく、失敗も、処罰も、犠牲も、苦悩もありえません。そんなかがやかしい、無垢な世界が想像できますか。そんな世界の存在はおかしいと思うかもしれませんが、いま住んでいる世界よりも、創造するのがむずかしいわけではないのです。

あなたの中にも兄弟の中にも悪はない、善のみである、と理解することで、こうした新しい世界を作り出すことができます。「悪」を現実らしく見せているのは、悪に対する恐怖心なのです。あらゆるネガティブなものは、恐怖心から起こってきます。「悪」という概念自体が恐怖に満ちた考えです。

ですから、あなたが生まれもっている善性以外に、いったい何が存在しているのでしょう。それは「自分が善ではないのではないか」という疑いです。恐怖心です。

あなたがたの人生は、疑いと恐怖心にたえずおびやかされつづける善性から成り立っています。一日のあいだにいったい何度、疑いと恐怖心が自分の善性の自覚をおびやかすでしょうか。あなたの兄弟の善性を信じる気持ちを、それらが何度おびやかすでしょう。

経験の中にはつねに疑いと恐怖心が働いていることを知れば、それらの存在を意識できるようになるでしょう。そうすれば、それらは意識というダンスの一部分にすぎなくなります。「ああ、そうだ、わたしは自分が善であることを知っている。だが、もしそうでなかったとしたら?」このダンスは心の中で起きています。問答はふりこのように、行ったり来たりします。しかし、しだいにその非難の調子は薄れてゆきます。恐怖心は受けいれられるにつれて、徐々に消えてゆくのです。

自分の善性を自覚した心からは、葛藤が消し去られます。心はみずからの善性を自覚した以上、それを他人にもおよぼして考えずにはいられなくなります。他人を悪いとみなすとき、あなたはまた疑いと恐怖心を心に呼びもどしています。

聖なるものは、二極対立から自由であり、あらゆる葛藤からも自由です。自分と兄弟の善はひとつであり同じものであると悟るとき、あなたは聖なるものに対して開かれます。聖なるものは、つねに共有されます。それは特定のあるものにだけ属するというものではありません。

そういう特権的独占物はすべて、恐怖心が生み出したものです。あらゆる判断評価は、恐怖心が生み出したものです。

あなたが悪の存在を拒絶し、善を受けいれたときにのみ、あなたは恐怖心をハートの外に追い出すことができます。神の子の中に、悪でありえるようなものはいません。せいぜいが傷ついているという状態です。そういうときには、自分の苦しみを他人のせいにして攻撃し、非難します。

でも、それは悪とはちがうのです。

そうです、あなたがたの慈悲心は、ここまで深まるべきです。あなたの宥《ゆる》しに値しないような人間はひとりもいません。あなたの愛に値しないような人間はひとりもいません。

あなたは条件をつけたり、言い訳《わけ》を考えたりはできますが、わたしの目からはお見通しです。わたしは真実を告げました。それを踏みつけにしないほうが、あなたのためです。

だれかを宥《ゆる》し、愛することがむずかしいようでしたら、むずかしいのです、と言ってください。自分の弱さを正当化するために相手を非難しないでください。あなたが恐怖心をもっているのであれば、そう言ってください。真実はつねに事態を正常化します。

恐怖心につかまっている人だけが、他人を判断し、批判します。あなたは恐怖心を超越していますか。そうでないなら、自分の恐怖心を自覚してください。自覚すれば、他人を批判したりしません。恐怖心はつねに知覚をゆがめるものであることが、やがてわかるからです。

恐怖心を自覚し、自分自身に対しても他人に対しても、正直であってください。告白すればよいのです。「わたしはいま怖《こわ》いのです。ですから、ものごとをはっきり見ることができません」と。

相手を批判しようとする意図を捨ててください。それは相手の善性が自分に見えないからといって、その相手を無意味に攻撃することだからです。それらの判断を、わたしにゆだね、あずけてください。真実を言ってください。「イエスよ、わたしはこの兄弟の姿を正しく見ることができません。相手を判断しようとしているからです。どうか、わたしがこの判断を捨てられますように。そして、彼のふるまいがわたしにいかなる恐怖心を起こさせたのかが、理解できますように」

あなたが兄弟に対してくだす判断はすべて、自分の嫌いな部分、受けいれられない部分がどこかを正確に語っています。自分自身の痛いところをつかれるのでなかったら、けっして相手を憎むことはありません。

だからこそ、怒り、恐怖心、判断を正当化しようとする試みはことごとく、みじめに失敗するのです。それはただ自分の過《あやま》ちを、だれかの名前で非難するのにすぎないからです。それは正直な態度ではありません。責任転嫁です。

あなたは完全に判断をやめる手だてをもっていますが、それでもその判断を正当化したく思います。なぜでしょう。それは、自分で自分の過ちを認められないからです。自分が過ちをおかしたということを認めるよりは、苦しむほうがまだましと思っているからです。自分が学びの途上だということを認めるよりは、完全であるふりをするほうが好ましいのです。なんたる不可解な自尊心でしょうね。苦しんでいるくせ、自分は完全だと主張する人の手を、どうしてわたしがとることができるでしょうか。あなたがやらせてくれなければ、わたしはあなたを助けられません。

過ちをおかすということは、べつだんおそろしいことではありません。愛や受容をとりあげられるわけではありません。きっとそうなる、と思っているのでしょうが、それは架空の話です。

あなたから愛をとりあげるのは、自分が正しくないのに正しいと固執することです。それは過ちの修正を妨げてしまいます。

どうか次のことを理解してください。あやまったことをすれば「悪人」なのではなく、正しいことをすれば「善人」なのでもありません。もしそうなら、あなたがたみなは一日のうちで何百回もその両方になることでしょう。ここへ来る旅において、正しいことをしたり、あやまったことをしたりした回数を数えることは意味がないのです。

この世界は学校であり、あなたがたは学びにきました。学びとは、過ちをおかし、修正するということです。学びとは、いつでも正しいということではありません。いつでも正しいとしたら、なぜ学校にくる必要があったのですか。

もっと謙虚に考えてください、友よ。あなたは学生としてここにきたのであり、課程を学びたいのなら、そのことを受けいれてください。あなたが過ちをおかしたことを認めなければ、わたしが手を貸して修正することはできません。

過ちを認め、修正することは、宥《ゆる》しとともに起こります。それはわたしがあなたのために用意した小径《こみち》です。

友よ、完全であろうとはしないでください。それはゴールとしてふさわしくありません。長くつらい苦しみを選ぶ人だけが、完全であろうと願うのです。そんなことを願わずに、過ちをおかしたときにそれから学べるよう、その過ちに気づくことができるよう願ってください。完全さは、あなたが真実を話すとき、人を感心させようという願いを捨てるとき、いつわりの自尊心を放棄するときに、ひとりでに、また楽に達成されるものなのです。

自分を修正し、正しくしてくださいと願うものは、それを受けとるでしょう。それはその人が他人より良い人間であったからではなく、ただそれを願い求めたからです。

自分の過ちを認める準備のできていない人たちを、悪いと判断しないでください。ただ自分の過ちを認め、あとは神におまかせします。

あなたの経験を人と分かちあってください。でも、押しつけてはいけません。あなたには、ほかの人が何を必要としているかわからないのですし、それはあなたが知らなくてよいことです。兄弟の中にある善を思い出してください。あなた自身の中の善を思い出してください。どんな恐怖心や判断の気持ちがわきおこっても、その場で溶かし去ってください。自分の過ちを認め、他人の過ちに寛大になりなさい。それがわたしの言いたいことです。

シンプルではないですか。あまりにもシンプルなので、しょっちゅう忘れてしまうことと思います。しかし、気を落とすことはありません。心の平和を求める気持ちが強ければ、さいごにはその平和のためにすべてを放棄するつもりになれます。心の平和こそ望みなのだと決めれば、かならず故郷に帰ってこられます。

耳を傾けることを学ぶ

あなたがたは人生に起きるものごと、あるいは起きないものごとに反応するのに忙しすぎて、経験を味わうひまがありません。喜びも苦しみも、怒りも悲しみも感じません。これは不幸なことです。

あなたは問題の答えを自分の外側に探して、膨大な時間をむだにしています。自分自身とともにいる時間をとれば、その答えはひとりでに浮かび上がってくるでしょうに。

自分自身の体験とともにいることを学んでください。「分析・解明」につとめなさいとは言いません。「ともにいる」ことは分析的行為ではありません。むしろ、自分の体験を分析検証することはできないと知りなさい。それとともにいるか、それを知的に解釈するかですが、後者はもちろん逃避です。

あなたは毎瞬、人生の船を本来のコースにもどすのに役立つようなささやきを受けとっています。でもそれと「ともにいる」「耳を傾ける」時間がとれなければ、それらのささやきは聞こえません。

皮肉なことですが、あなたが狂おしく頭を働かせ、問題を「分析・解明」しようとしているときこそが、まさに静かにして聞き耳をたてるべきときなのです。最初はそれに気づかないかもしれません。しかし、ものごとを分析し、やみくもに解き明かそうとすればするほど、それが複雑怪奇になっていくことには、どうしたって気づくでしょう。

遅かれ早かれ、人生をこうあるべきだと考えるとおりに動かそうとあくせくしても、行き詰まります。そのとき、あなたは「なぜ、わたしはこの移行を経験しようとしているのだろう。焦点をあわせている対象を、変える必要があるのだろうか」と思いはじめます。そして、耳を澄ませて、答えを聞こうとするのです。

あなたが障害物の多い道にいるときに受けとる答えはたいてい次のようなものでしょう。「スローダウンせよ。まわりを見回せ。行こうとしているところに行く道ではないかもしれないぞ」すばらしい答えには聞こえないかもしれませんが、次のステップを踏み出すには十分な助けです。スローダウンし、まわりを見回すことは、修正の始まりです。

ものごとがスムーズにいっているときに、わざわざ修正する必要はありません。しかし海が荒れ模様になってきたら、とまって針路を考えなおしたほうがよいでしょう。

まさにこの時に得た洞察が、あなたの人生を深いところで変えていきます。外的な現実が八方ふさがりになり、自分の内側に入っていくしかなくなるような時期が幾度かあります。

毎日二時間瞑想せよ、などと勧めているのではありません。定期的な瞑想が役に立たないと言っているのでもありません。ただ、人生には、静かにして聞き耳を立てるべき時期があります。その時期をたいせつにすることを学べば、多くの悲しみを免《まぬか》れられるでしょう。内なる言葉に耳を澄ませることを学べば学ぶほど、起きた経験と「ともにいる」ことになります。自分の人生のよきパートナーとなることができ、やってくるものごとに進んで参加し、感じ、体験しようという気になります。

自分の経験とともにいるために時間をとろうとしなければ、人生のできごとの一方的な犠牲者になった気がしてきます。それは大きな自己欺瞞《ぎまん》です。あなたは自分の経験に対して、なにか征服したり、コントロールしたりしなければならないものである、というふうな態度でかかわります。経験が期待にそわなかったとき、あなたは不当に罰せられたと感じます。実はそうではありません。そうではなくて、あなたはただ、コントロールせねばという思いのネガティブな結果のほうを経験しているだけです。

あなたは経験に対して、自分を開いていません。それとたえまないふれあいをもってはいません。対話をしていません。だからこそ経験とあなたとの関係は、愛憎半ばするような関係になってしまうのです。うまくいっているときは起きることを愛していますが、うまくいかなければ憎みます。あなたの経験は黒白いりまじったものです。人生とは、全的な祝福か、さもなければ全的な処罰のどちらかに見えます。

真実をいえば、人生はあなたを祝福しているのでもなければ、罰しているのでもありません。人生はあなたとともにはたらき、あなたがなにものかという真実に目覚めるのを助けてくれます。それは、あなたの教師です。たえまないフィードバックや修正を送り返してくれますが、あなたは耳を傾けようとしません。

耳を傾けるのを選ぶとは、自分の人生との共存関係に自分をまかせ、あけわたすことです。思考、行動、修正というダンスを受けいれることです。そうすれば、これらすべてを学びのプロセスにおいて必要な、しかも味わい深いものとして経験することになります。

無条件の愛

あなたはこれまで、自分自身の罪悪感と恐怖心のまじりこんだ愛をあなたに注いだ人たちから、いわば条件つきの愛を学んできました。それがあなたのモデルでした。恥じるにはおよびません。そうなのだな、と気づけばよいのです。

あなたは子ども時代からずっと、人が好意的な反応を示したときだけ、自分には価値がある、というふうな自己評価のしかたを条件づけられてきました。自分の価値は、外部のものによって確立されると学んできました。それは基本的な誤りで、これまでのあなたの人生全般にわたってずっといすわってきたものです。

両親の経験もあなたと同じでしたし、あなたの子どもの経験も同じようでした。だれもかれも同じ傷を負っているので、それを癒さねばなりません。すべての〝侵害・押しつけ〟に気づき、それに付随した感情を解放しなければなりません。そうすることによって、あらゆる傷ついた存在は、条件つきの愛から、条件なき愛の経験へと移行していきます。

癒《いや》しのプロセスにおいて、あなたは自分が生物的両親からは受けとったことのない無条件の愛を、自分にそそぐことを学びます。このプロセスであなたは生まれかわり、外部の権威者ではなく、自分の内なる〝愛の源〟を親として育まれます。

あなたの内部の傷ついた存在に愛をそそぐには、まず他人の反応の上に自分の価値をおく、という考え方を逆転させなければなりません。ゆっくりと、あなたはいま、ここで、そのままの自分自身をまるごと条件ぬきで認め、尊重するよう、自分を訓練しなおしてください。あなた以外のだれもこれを肩代わりできません。人は助けたり励ましたりしてくれるでしょうが、自分自身を愛するということは、だれもあなたに教えられません。それはみんなが自分でなしとげることです。

魂はみな、この自己尊重の問題ととりくもうとして、この物理的経験のなかに入ってくるのです。しかしこの世界にそう長くも滞在しないうちから、本来もっている愛する能力に条件が押しつけられ、他人をもその経験にまきこんでいきます。

この条件をゼロにもどすことが、なによりもたいせつです。もし魂が、自分は物理世界の経験の犠牲者だったと信じながらこの世界を去ってゆくと、その信念を矯正するために、またここへひきもどされることになります。しかし、もし魂が、自分の価値は自分の心《マインド》と経験の外部のいかなるものにも人にもかかわりがない、という真実に目覚めれば、その魂は〝愛の源〟にみずからをおくことになり、虐待の夢から覚めることでしょう。

虐待から目覚めるというのは、自分がそのままでは愛されない、という幻想を拒絶することです。自分自身に無条件の愛をあげることで、愛を実践してください。そうしていると、無条件にあなたを愛することのできる人々があなたの人生に入りこんできます。

自分の外に愛をみつけようとしても、必ず失敗します。なぜなら、自分が自分に与えていないものを、他人から受けとることは不可能だからです。自分への愛を惜しむとき、同じような人たちを自分の人生に呼びこむことになります。

無条件の愛の経験は、ほかのだれかのハートではなく、あなたのハートの中で始まります。自分を愛する能力に、もしだれそれが自分を愛してくれたら、というような条件をつけないでください。愛をとりまくもろもろの条件や、愛がどうあらわれるかの形に信頼をおかないでください。それらは変わりやすいもので、日々の生活とともにすぐうつろってゆきます。

まことの愛は、変わることがありません。それはあらわれる形とは無関係に存在します。この永遠かつ遍在する、形なき愛の〝源〟は、あなたの内側にあります。そこにこそ信頼をおくべきです。なぜなら〝愛〟は、あなたが今後知るであろう、いかなるものよりも確固としたものだからです。いったん〝愛〟がハートに確立されれば、二度と幸福を外側に探す必要はなくなります。

人生には、人がやってきて、また去っていきます。あなたを大事にしてくれる人もいるでしょう。不親切な人もいるでしょう。あなたは愛を受けいれます。もしくは、愛の欠如を、その実態、つまり傷ついた人が救いを求める叫びとして受けいれてください。あなたがそうしたように自分の内側に愛の〝源〟を探すよう、人にも勧めてください。なぜなら、その人たちのこまごました問題はあなたに解決できるものではないとよくわかるからです。その人たちの人生の悲劇は、本人が進んでハートと心《マインド》の中をのぞきこもうとしないかぎり、手のつけようがありませんから。

無条件に愛する人は、自分の自由にも、他人の自由にも制限をもうけません。愛をむりに保とうとはしません。保とうとすれば、失うことになるからです。愛はいちいちの状況で求められるに応じて、たえず与えるべき贈り物です。与える人はいつでも、いつ、だれにそれをあげたらよいかを知っています。

愛という行為には、複雑なところはこれっぽっちもありません。ただ、愛を出し惜しみはじめたときに複雑になっていって、やがてその人が与えるものは愛ではなくなります。

自分自身を愛している人は、ひとりになることがこわくありません。ひとりでいるということは、自分をさらに深く愛し、受けいれるひとつの機会だからです。恋人にふられたら、自分が無価値な人間だと思いますか？　自分をあわれみ、世間からひきこもり、あるいは、なにか代わりのものなり人なりを探すことにのめりこんで忘れようとしますか。いいえ。ただ呼吸をつづけ、経験の一歩を踏み出すごとに愛を広げてゆくだけでよいのです。

自分自身を無条件に愛している人は、愛を小出しにしたり、ヒモをつけたりしません。特別に愛せる相手だけを探し求めたりしません。目の前にあらわれる人すべてを愛します。この人があの人よりも愛される価値があったりなかったり、というようなことはありません。そういう愛こそが、いまあなたの中に生まれつつある愛なのです、兄弟姉妹よ。それこそ、わたしがあなたに与える愛、そしてあなたに、他人にもおよぼしてもらいたいと願う愛です。

かんたん明瞭なことです。わたしの言っていることに誤解の余地はありません。愛は、対等なものどうしのあいだにしか存在できません。愛は、内側の深いところで、自分を愛し尊重することを知ったものどうしのあいだにしか存在できません。

愛は貸し借りではありません。取り引きではありません。恐怖で薄められるものではありません。というか、愛があるところには、恐怖とそれがくっつける何百万もの条件は、存在できないのです。

友よ、正直になってください。あなたが知っている愛は、わたしがいま語っている愛とはちがいます。わたしの語っている愛は、あなたにはまったくおそろしいものではないですか。

なぜでしょう？　なぜなら〝まことの愛〟の経験は、あなたのいままでしてきた、この条件つきの世界の経験を終わらせてしまうからです。いったん〝まことの愛〟を経験すれば、もはや他人と分離しているとは感じません。自分のアイデンティティの中の、他人を遠ざけていたあらゆる部分がなくなります。あなたは、相互信頼によってみんなとともに創造する、よりおおきな現実に対して開かれます。判断評価ははがれ落ち、かわりに受容がすべてを支配します。「そんなことはこわくない」と言いますか。どうかよく考えてみてください。自分自身に正直になり、わたしにも正直になってください。あなたはこわいのです。なぜなら、それは夢が終わることであり、夢が終わればあなたのエゴの知っている唯一の道は死ぬということだからです。ですから、どうぞ愛への恐れ、死への恐怖、自己破滅への恐れを自覚してください。

わたしはかつて「いったん死んで新しく生まれなければ、天の王国に入ることはできない」と説きました。それは、輪廻転生のことではありません。わたしが言ったのは、エゴの死、あなたを他人から分離し、遠ざけているあらゆる信念の死ということです。わたしは判断の終わりを言ったのです。

でもそこで死ぬものはあなたではありません。死ぬのは、あなたが自分自身だと思っているもののすべてです。あなたが自分自身に、そして他人に対してくだした判断のすべてです。それが死ぬのです。そして新しく生まれるものは、光と透明さに満ち満ちています。それはあなたの中にも、わたしの中にもある、永遠の生命をもつキリストです。

兄弟姉妹よ、言っておきますが、あなたの復活はすぐそこです。そして、あなたはそれをこわがっています。わたしの目はごまかせません。あなたは自分の罪深い思いと行為のせいで、自分がまもなくはりつけになるであろう十字架を見上げ、膝をついて、ふるえおののいています。自分の恐怖心を否定しないでください。でなければ、わたしはあなたを助けてあげることができません。

十字架上で死ぬのは、あなたではありません。あなたは身体ではありません。あなたは恐怖に満ちた思考の集合でもありません。それらすべては死ぬものですし、やがて死にます。知らなければ、そのことはもっとあとに起きるでしょう。エゴの死を避けることはできません。身体の死を避けることはできません。しかし、そのふたつは必ずしも同じものではありません。身体が死ぬときにエゴが死ぬとか、エゴが死ぬときに身体が死ぬとか、まちがって思いこまないでください。

あなたのエゴは、あなたがもうそれを用済みにしたときに死にます。それまでは、あなたから取り去られることはないでしょう。それに永遠にしがみついていることもできますが、そうはしたくないでしょう。なぜならそれは地獄であり、地獄に永遠に住みたくはないでしょうから。苦痛がのりこえられる時がやってくるでしょう。あなたがわたしに向かって「イエスよ、どうか力を貸してください。わたしは手放す用意ができています」と叫ぶときがきます。万人に、そのときがやってきます。わたしは保証します。

それまでは、あなたにできることは恐怖心の中をとおりぬけ、むこうに出ることしかありません。自分のもっているいちいちの恐怖心を自覚し、ひとつひとつをわたしに放り投げてください。「イエスよ、わたしは死ぬのを恐れています……イエスよ、わたしはあなたの愛を恐れています……イエスよ、わたしは神に見捨てられるのを恐れています」恐怖が浮かびあがるのにまかせ、それをこちらに投げてください。これは、あなたの目覚めを早めます。すぐに自分の核にある問題、恐怖心の中の最大の恐怖心のところにゆきつきます。でも安心してください。そこにゆきついたときにも、わたしはあなたとともにいます。

よき兄弟姉妹よ、わたしはただあなたがたの信頼を求めます。わたしを信頼すれば、いっしょにそこの影におおわれた場所から歩いて出ていくことができます。あなたの恐怖心との対決は肩代わりできませんが、あなたがそうするとき、手をにぎっていてあげます。安心してください。あなたの旅の行先はもう保証ずみです。わたしがいまいるところに、あなたも来るのです。そのときには、あなたは〝愛〟こそ自分なのだと、すみずみまで確実に知ることでしょう。〝愛〟はあなたの中で生まれたり死んだりしたことはありません。それはあなたと切り離せません。それこそあなたのほんとうのアイデンティティなのです。

扉を開く

人にでも状況にでも注意を向けるためには、自分自身が自分のそばに、そして人のそばに、状況のすぐそばにいなければなりません。そばにいる、つまりその場に存在すると、自分の予定表をもつことができなくなります。自分がこうするだろうとか、人がこうするだろうとか、状況がたぶんこうなっていくだろうとか仮定していれば、その瞬間に十二分な注意をはらうということができません。注意をはらうためには、心《マインド》がオープンであることが必要です。オープンな心、つまり判断もせず期待もしない心をもつことです。

もうひとつ重要なのは、ハートのほうもオープンにすることで、そのためには自分自身と他人とに対するあたたかい共感、そして過去のできごとへの寛大な宥《ゆる》しが必要です。オープンなハートをもつということは、相手に対等に接すること、共通の地盤を探すこと、そこでみつけられるかぎりの親密さと交流に対して自分を開いている、ということです。

愛への扉は、心とハートの開閉にしたがって開閉します。閉まっているときは、辛抱強くそして寛大であってください。さもないと二度と開かなくなるでしょう。

愛の存在にだけでなく、不在にも敏感であってほしいものです。不在を感じたら、耳を澄ませ、ハートをやわらげましょう。他人と分離している、と感じたら、微妙な判断や評価をしていないか探してみましょう。

分離や判断の経験は、すべて愛の存在に対して自分を開くための機会となります。知的な作業としては、固定観念や正当化から自分を遠ざけてください。感情面では、分離の結果、つまり自分の苦痛、他人の苦痛を感じてみてください。

判断から受容への移行、分離から同調への移行こそ、ヒーリングの真髄です。この移行ができないときには、「マインド・身体」領域において、「不快感《ディスイーズ》＝病気《ディジーズ》」への条件がととのっています。あなたがたはみんな、この不快感から快感、閉鎖からオープン、不信から信頼への移行を学ぶ必要があります。〝防御的〟姿勢を〝受容的〟姿勢に変えることで、平和を実現することができ、また〝排除的〟な考えを〝包含的〟考えに変えることで、人間関係に調和をつくりだすことができます。

ヒーラーあるいは奇蹟を行う人になるということは、葛藤や争いから、また罪悪感から、判断や非難から、本来自由であれるはずの自分の能力を受けいれることです。この自分の中の能力を受けいれれば、わたしと同じように人生に奇蹟を起こすことができるでしょう。

何度もくりかえすように、あなたがたにはできるのです。ヒーリングは可能なだけでなく、必要なものです。だれでも自分の感じた傷や不公正さを癒し、奇蹟の力の証人になれます。ヒーリングということが、ここでのあなたの唯一の目的です。そのことに早く気づけば気づくほどよいでしょう。

どうか、あらゆる正統的なスピリチュアルな修行は、自分自身への愛と受容を養うことから始まるのを思い起こしてください。自分自身を愛することができないうちは、他人を愛そうとしないでください。それはできない相談です。

あなたのカンにさわることばかりしでかす人が人生に入ってきたら、その人を無理に愛そうとはしないでください。でも、衝突もしないでください。非難したり、あげつらったりして、敵視しないでください。ただ相手が自分のカンにさわっていることを認め、自分のフィーリングとともにいる時間をとってください。

あなたがひとりのとき、感じていることは、あなたの中だけの問題だということを改めて言っておきましょう。他人は、あなたの感情と関係ありません。自分の感じていることの責任を他人に押しつけるようなあらゆる考えを、切り離してください。

そして自分の感情とともにいて、自分自身に言うのです。「わたしのこの感情は、自分の中にあって自分が非難している面を示している。自分のあらゆる面を受けいれることを学びたい。わたしの中のすべての傷ついた部分に、愛をもたらすことを学びたい」

そうすると、あなたはほんものの変容の地点にきます。愛を自分のハートにもたらす準備ができました。

これを何度も何度も練習し、自分自身に対して辛抱強くあってください。兄弟姉妹やまわりの世界を愛そうとするのは、自分のハートに愛を持ちこめるようになってからにしてください。むりに外部を愛そうとしても、失敗し、自分をもっと責めるようになるでしょう。

自分自身にたっぷりの同情をもってください。小さな一歩から進みます。自分自身の思考と感情を癒《いや》すことから始めます。あなたが自分の批判的な考えや分離の感情を癒すたびに、宇宙の中のすべての心とハートがそれを感じます。あなたのヒーリングはあなただけではなく、全存在に及ぶのです。

あなたが平和になれば、世界の平和はすでに内在するものとなります。あなたに他人に対する責任があるとしたら、このことだけです。つまりあなたが自分のハートと心に平和をもたらすことです。

そんなアドバイスは利己的で無責任だと考える人がいるかもしれません。そういう人は、幸福を見いだすためには世界を救わねばならぬ、と信じています。その受けとめ方はまちがっています。自分がまず幸福感を見いださないかぎり、世界は救われません。

理解しがたいかもしれませんが、これが真実です。いまあなたが幸福でないなら、あなたはけっして幸福を見いだせません。ですから、もしいま自分が幸福でないとしたら、未来に幸福を探そうとするのをやめ、自分の注意を現在の瞬間に向けてください。そこにこそ、あなたの幸福があるのですから。

オープンなハート、オープンな心は、愛の存在へと扉を開きます。扉が閉まっていても、扉はあなたにむかって、開けてくれ、と呼びかけます。批判的な気分で他人と分離しているように感じるときも、愛が内部からあなたに呼びかけます。

わたしがすでに説いたように、あなたがたが何度聖域に入ることを拒んだとしても、扉はたたきさえすれば開かれるのです。わたしはまた、こうも言いました。「求めよ、さらば与えられん」でも、あなたがたは信じようとしませんでした。あなたがたは、だれかがあなたの罪や、優柔不断な態度や、しぶとい反抗の回数を数えあげていると思いこんでいるようですが、それは真実ではありません。数えあげているのは、あなたがただけです。

兄弟よ、あなたに言います。「数えあげるのをやめよ。言い訳をするのをやめよ。扉が閉ざされているふりをするのをやめよ。わたしは戸口に立っている。手をのばし、わたしの手をとりなさい。そうすれば、わたしとあなたとで扉を開け、ともに通りぬけることができるだろう」

わたしは無条件の愛への扉です。あなたがそこを通りぬければ、あなたもまた扉になるのです。

努力を放棄する

あなたの人生に起きることとは中立的であって、ポジティブでも、ネガティブでもありません。それをポジティブだとかネガティブだとか、あるいはスピリチュアルだとか世俗的だとか、決めているのはあなたです。

あなたが愛、受容、宥《ゆる》しをその経験の中に持ちこめば、経験の中のすべてがスピリチュアルなものになります。不治の病い、レイプ体験、殺人さえも、あなたの愛の力で変容します。

あなたは、人生のさまざまなできごとの意味を理解していると思っています。それはまったく真実ではありません。あなたは起きることの意味をなにひとつ理解してはいません。自分でそれに意味を押しつけているだけです。

人生に起きることの意味を理解したいのなら、自分で意味づけすることをやめてください。状況をそのままにしておいてください。十全にそれを感じます。それがなぜ人生に起きたか、そのできごと自身に教えてもらってください。

そのことの中心に達したいのでしたら、「この状況をどう生かせば、自分をもっと完全に愛することにつながるだろう。わたしはまだどんなものを内にためこんで、与えないようにしているのだろう」とたずねてみます。この問いかけで、あなたは問題の核心に入れます。あなたがこの状況を処罰としてではなく、贈り物とみなすことにしたからです。

状況に自分なりの意味を与えるときは、いつも、それをあなたかだれかへの処罰として見ることになります。人生のあらゆるできごとに対して、あなたの恐怖心がそうさせるのです。あなたの恐怖心は、自分と兄弟を非難します。しかし、そうなっても驚かないでください。それはむしろ当然なのです。

むりに、恐怖心なしで生きようとしないでください。恐怖心なしで生きるということは、あなたの想像の中で一番恐ろしい仮定ではないですか。ただ恐怖心を認め、その中をとおりぬけて、向こう側に出てください。非難しているのだということに気づき、宥《ゆる》しのなかでその中をとおりぬけます。

いつでも選択があるからといって、他ならぬあなたが選択をしなければならないというわけではありません。選択があるのを認め、それに気づくことで、選択の中をとおりぬけてください。

あなたの救済のために、あなたはなにひとつすることはできません。つまり、あなたが何やかやをすれば、それはすべて、そこにあるものを発見する邪魔になるのです。救済はもうそこにあります。あなたはもう救われているのです。わたしから、あるいは兄弟から、あるいはどこかの教会やシナゴーグから、救済を買いとる必要はありません。

あなたが宥《ゆる》しを実習するのは、救済を買いとるためではなく、宥《ゆる》しの実習が、いまここにある救済を体験させてくれるからです。贈り物として来るものを受けいれるということを学ぶだけです。それは神にゴマをするためではなく、受けいれれば、この状況にはどこにもまずいところはないこと、いえ、いままでもなかったのだということがわかるからです。自分がいつ扉を閉めきって人々を締め出すのか、そのきっかけの瞬間がわかるようになります。やわらかく、受容的で、オープンな態度でいるほうが心地いいとわかるからです。

あなたのスピリチュアリティというものは、いまこの瞬間にだけ、十全に生きることができます。あなたが過去に思ったり感じたりしたことは、このさいまったく関係ありません。それはいま、あなたの目の前の状況とともに起きています。

あなたが闇や貧困を経験するのは、いま贈られている状況のアラを見つけたときだけです。状況を見て、感謝をすれば、あなたが経験するのは祝福だけです。

闇から抜け出そうと努力しないでください。祝福の中に入ろうとがんばらないでください。そういう動きはひとりでに起きます。ただ動きたいと思い、その意欲にまかせます。

あなたが自分自身のためにあれこれ画策することがめったに成功しないのは、ほんとうの自分というものを知らないからです。あなたのセルフ・イメージはずいぶん限定されたものです。あなたへの神の愛の大きさを知りもしないし、感じてもいません。人生のどこかの地点で自分の中のなにかがこわれた、とか、現在どこかの部分を失いつつある、というふうにあなたは考えています。でも、そんなことはありません。あなたのどこも失われたりこわれたりしていません。あなたのすべては、いまここに完全に存在するのです。

たくさんの人が繁栄の意識を学ぼうとしていますが、あなたのやることは繁栄しているようには見えません。なぜでしょう。それはあなたが自分の真の値打ちを知らないからです。もし知っていたら、自分の人生にこれこれが欠けている、なぞとは感じません。持っているすべてのものに対して感謝が起こります。

真実を言いますと、すべての思考は繁栄、つまり繁殖していきます。あなたの思い浮かべるすべての考えが、ポジティブあるいはネガティブなエネルギーを現在の状況に増し加えるのです。ネガティブな考えも、ポジティブな考えと同じように繁殖します。あなたがポジティブ、ネガティブ両方のまじりあった考えをもっているからこそ、外的な状況はそれを反映したものになります。

しかし、ポジティブな思考に焦点をあわせても、ネガティブな思考を追い払うことはできません。というか、ポジティブな思考に焦点をあわせればあわせるほど、ネガティブな思考に力を与えてしまいます。このパラドックスからは逃れられません。

だから、あなたは自分のアファーメーション（確言）を忘れてください。アファーメーションは、ちちんぷいぷいのような呪文にすぎません。自分のネガティブな思考を変えようとするのではなく、ただそれに気づいていてください。それにまつわる感情に気づいていてください。そして気づきとともにいれば、あなたは移行していくのです。

〝聖なる掟《おきて》〟が働こうとしているときに、それに介入して邪魔をしていれば、助けを受けることはできません。わたしが言いたいのは、あなたは自分で自分をうまく調整して直すことはできないということです。しようとしても、それは意識をただ細分化するだけです。

わたしの言うことは、たがいに矛盾しているように聞こえるかもしれませんね。でも矛盾ではないのです。あなたの人生は、あなたが与えた意味しかもたないのですから、ポジティブな意味でもネガティブな意味でも選択できる、とわたしは言いました。それからまた、あなたの与える意味はいずれにせよ、すべて限定されたものだとも言いました。どちらも真実なのです。

自分の考えをよくながめてみれば、自分の一部はある結果を望んでいるのに、別の一部はちがう結果を望んでいることがわかるでしょう。どちらかを選ばねばならないと感じると、葛藤が起きて、気分が重くなります。

心《マインド》が葛藤状態にあれば、ふたつの相反する選択肢のどちらを選んでも、葛藤状態から抜け出すことはできません。葛藤がさらに重苦しいものになるだけです。

どちらの状態をも受けいれることによって、葛藤から抜けられます。言い換えれば、ポジティブな考え、ネガティブな考えの両方を、どちらが上だとの順列をつけずに受けいれるのです。これは愛の行為です。

愛はいつでも、いかなる二極性をも超越します。愛はけっしてどちらかに与《くみ》しません。両方の側面を受けいれます。

でもあなたは、正しいこと、まちがったことは、きちんと選択せねばならないと信じているでしょう。しかし、なにが正しく、なにがまちがっているかを決定できる人が世の中にいるでしょうか。自分にはわかっていると思うとき、あなたは真理の糸を見失っています。

ですから、どうぞ無理に選択をしないでください。なにが真実でなにが虚偽かは、あなたにはわかりません。いっぽうにだけ賛成し、いっぽうを拒否しないでください。両方を受けいれるか、どちらも受けいれないかです。中立的になれば、人生それ自身の姿が見えてきます。

この中立の場所が見いだせなければ、あなたは人生のできごとに自分かってな意味を押しつけますから、いつでもそこには貧困、処罰といった側面があらわれてきます。だってあなたは自分の値打ちを知らないのですから。

わたしの言うことがわかりますか。自分はここを直さねばならない、というようなところがあったとしても――わたしはそんなことはないと思いますけれども――あなたには、どうやれば直せるか、わからないのです。あなたがこわれていれば、どうやって自分を直せますか。あなたが分裂状態、葛藤状態にあれば、どうやって全体性をつくりだせますか。こわれていないものだけが、その全体性を経験できるのではないでしょうか。

兄弟よ、理解してください。いまこの瞬間には、あなたにも、あなたの人生にも、なにひとつまちがったことはありません。すべてはあるべきとおりにあるのです。いまこの瞬間に、あなたは完璧に愛されています。

あなたはいま苦しかったり、悩んだりしていますか。いるかもしれませんね。でもそれだから、あなたが完璧に愛されているのではない、ということにはなりません。苦しんでいるときは愛から切り離されているのだという考えは、あなたがこの状況に対して押しつけた考えです。ほんとうは、あなたの信念以外はなにひとつ、あなたを愛から切り離すものはありません。それだからこそ、あなたはそもそも苦しいと思うわけです。苦しいのは、自分が愛から切り離されていると思ったり感じたりするからです。

あなたは状況の真の姿を変えてしまっています。原因と結果をとりちがえています。あなたの恐怖心がそうさせています。このことを理解すれば、葛藤から抜け出られます。気づきを深めていってください。あなたのエゴのドラマぜんたいを、ありのままに見てください。

自身の恐怖心を通して、この世界の経験のしかたを創造していることを理解してください。でも、それだからといって、自分を責めることはありません。見たものを受けいれ、それがひとりでに変化していくにまかせます。世界を完全な中立の立場から見るとき、それが自分自身の学びのためにのみ存在しているのだということが理解できるでしょう。

観念的な話であなたを混乱させたくはありません。でも、自分の恐怖心がどれほど真実を変えてしまっているかを理解しなければなりません。恐怖心はあなたを世間の犠牲者にしたてあげますが、それは真実ではありません。犠牲者の立場にいるかぎり、愛の中における自分の創造力やアイデンティティに気づくことはできません。

犠牲者ごっこはやめてください。それはむなしいゲーム、鏡のゲームです。あなたに害を与える人は、あなたの無価値感が形をとってあらわれたにすぎません。あなたが自分の鏡の中に、彼の存在をつくりだしたのです。立ち上がって、自分がいかに自分を憎んでいるかをはっきり告白し、その人を解放してください。その人に恨みをもつことは、あなたのためになりません。その人を罰しても、いい気分にはなれません。

あなたをしいたげる人たちを、解放して自由にしてあげてください。かれらのために祈り、祝福をおくります。償《つぐな》わせてやるという思いで、自分に縛りつけないでください。愛と励ましの言葉をもって、かれらをおだやかに立ち去らせます。そうすれば、自分自身をも解放したことになるのがわかるでしょう。

宥《ゆる》しの力がいかに大きいものか、こまごまと説いてきかせることはできますが、実際に経験してみるまでは、その力の大きさはけっしてわかりません。進んで自分自身を宥《ゆる》そうとする気持ち、他人を自分の判断・批判から解き放とうとする気持ちは、その環境にいるあいだに知りうる最大の力です。これより大きなたったひとつの力は、愛そのものの力です。そして恐怖心のヴェールをはぎとることのできる宥《ゆる》しの行為がなければ、愛の力もとらえることはできません。

けれど勇気をもってください、友よ。あなたが宥《ゆる》しを行うたびに、あなたは自分の愛する能力にはめてしまった条件づけを、ひとつひとつ溶かしてゆくのです。あなたが宥《ゆる》すたびに、愛はより深くあなたの中で目覚め、その愛を拡大する能力もまた増してゆきます。それが旅の本質です。心を安らかにもってください。必ず故郷に帰りつくことはできます。

透明さ

なにひとつ隠すものがない場合には、あなたの意識の光は、もはや恥ずかしい秘密の罪の意識にくもらされることはありません。もう、うそでとりつくろう必要はありません。あなたの人間関係は、あれこれの思惑や下心に妨げられません。シンプルさと明晰さが人生を支配します。もう欺瞞《ぎまん》はないからです。

だれでもたったいま、この明晰さに到達することができます。自分の考えや感じ方のすべてを、ためらいなく打ち明けて話す勇気さえもてればです。それは兄弟姉妹への信頼の行為にもなります。それはまた、進んで自分をさらけだし、弱さを見せるという意志でもあります。

あなたに恐怖心があっても、それを人に話せば、その恐怖心とその下にある罪悪感は隠れていられなくなります。だれかを批判する考えが浮かんだとき、それを否定したり、そんなことはないとごまかしたり、あいつこそが悪いのだと投影したりすることもできます。しかし、それに気づいて、その考えに癒《いや》しをもたらすこともできます。人を攻撃する考えを隠すこともできますし、告白することもできます。

教会での告解《こっかい》の儀式は、儀式というもののつねとして、その本来の目的を果たさなくなっています。本来の目的とは、他人から赦免を受けとるということではないのです。欺瞞の暗闇を投げ捨て、恐怖心と罪悪感に意識の光をあてることなのです。告解を聞く人は、裁判官ではなく、証人なのです。その人はローブを着ている必要もありませんし、なにか権威ある立場にいなければならないこともありません。どんな人が証人でもいいのです。自分の役割は批判や告発ではなく、共感をもって耳を傾けることだと理解している人であるならば。

過《あやま》ちをおかさない人はいません。わざとであろうと、そうでなかろうと、たがいに衝突することはよくあることです。あらゆる衝突が止められると考えるのは、おろかしいことです。人間としての自分の弱さをよく知らない人だけが、そのような地に足のつかない高邁な理想を追い求めるのです。そして、自分の人間らしさを受けいれられない人が、どうして自分の聖性を受けいれられるでしょうか。

過ちはこれからもあるでしょうから、過ちをおかすたびに、ありがたく思うようにしてください。過ちは、修正をもたらしてくれる贈り物です。あらゆる小賢しいはからいや欺瞞を表面に浮上させてくれる、その機会を祝福してください。心《マインド》の暗い場所をのぞきこむ機会に感謝し、その中身を意識的検証の光の中に持ちこんでください。

あなたが過ちをむりに正当化すると、それにしがみつき、何度も自己弁護をくりかえすことになります。莫大な時間とエネルギーのむだです。もしあなたがそれをしていることに気づかなければ、一生それをやりつづけ、それが人生の目的になってしまいます。

むしろ過ちを告白すれば、すべての時間を言い訳にあてる必要がなくなります。自分のごまかしを認めれば、過去という限界に縛りつけられることもなくなります。あらゆる衝突をオープンに認めてください。兄弟のことをよく思えないのであれば、彼にそう言って、宥《ゆる》しを求めます。それは相手を台座にのせてまつりあげるということではなく、自分が自己嫌悪と絶望の底なしの穴に落ちこまないための方策なのです。それはあなたが恐怖心や不正直さ、罪悪感をもたずに生きるための薬なのです。この薬を飲んでください、友よ。前にもわたしはこの薬をさしだしましたが、もう一度、さしだします。

この世界がくもって見通しが悪いのは、あなたが過ちを認める勇気を欠いているからです。あなたが兄弟とともに演じている、見せかけ、ふりのゲームのせいです。兄弟よりも自分のほうが倫理的で正しい、ということがありえると、あなたは本気で信じていますか。

あなたにできることは、せいぜい、自分の過ちを隠す能力を磨くということくらいでしょう。それは悲しいことですし、自己欺瞞のゲームです。それをやめてください。

兄弟を信頼してください。あなたよりも上にいるのだと判断するのではなく、隣にならんでいる対等な相手なのだと認めてください。兄弟があなたを非難するとき、彼は自分自身をも非難しているのです。

自分自身に対し、告白します。また伴侶や、上司、路上の見知らぬ人に対しても、告白してください。人にどう思われてもいいではありませんか。あなたは革命的な教えを伝えているのです。あなたの告白によって、ほかの人も自分自身の過ちを、あわれみをもって見てよいのだとわかるのですから。

自分の過ちを認める人は、人々への燈台のようなものです。その人は、自分の闇のマントを脱ぎ捨てたのです。そのひとを通じて光が輝きます。その心が、透明で、真実が楽々と流れでるすきとおった通路になっているからです。

兄弟はすぐに、この人は信頼できるとわかり、その手をとろうとします。このような人は真の司祭です。自分自身の罪を宥《ゆる》したので、それを他人の罪にも及ぼすことができます。この人の権威は外部からではなく、内部から来ます。宗教的な権威者と世間で認定されているわけではありません。でもそのもとへ来る人はすべて、この人こそ力のある人だと知り、信頼し、自分を打ち明けます。

これが告解ということの真実です。どんな男でも女でも聴聞司祭になりえます。わたしの名前をかたってあなたがたに伝えられている、いかなるうそも信じないでください。常識を働かせてください。

もしあなたが、うそを許容できなくて宗教に背を向けてしまったのだとしたら、それを恥じることはありません。ごまかしを教え、自分だけを権威者とし、罪悪感を植えつけるような教会に対しては、わたしも背を向けるでしょう。

そうした偽《いつわ》りの教えを拒否するのは、正しいことです。しかし、聖職者の衣をまとった世俗的な偽善者への怒りがあるからといって、わたしと直接に交流することをやめないでほしいのです。他人に教えられたことすべてを忘れ、自分のハートの中にいまある真実だけに思いをめぐらせてみてください。そのハートの中で、あなたとわたしは出会います。わたしの教えや生涯をあざけるような見かけだおしの建物の中でではなく。

友よ、真実を思いめぐらしてください。わたしや兄弟から、なにか苦しみから抜け出す秘訣のようなものを聞き出すことはできません。苦しみを終わらせるには、あなたの人生のあらゆるごまかしを終わらせなければなりません。それは自分自身に対して、わたしに対して、兄弟に対して、真実を語ることによってのみ達成されます。

それによって失うものは、この世のくもりと混乱だけではありませんか。秘密を秘密にしておいて、迷路の中にとどまりますか。それともそれを告白し、暗く曲がりくねった小径《こみち》から抜け出しますか。選ぶのはあなたです。

でも、自分をごまかさないでください。隠蔽《いんぺい》や闇の中には救済はありません。救済は、真実の光の中にいる人だれにでも与えられます。その光の中には、恥や罪といった影は残っていることはできません。

勇気をもって過ちを認めれば、それらの過ちを宥《ゆる》し、自分自身を、悩み、苦労、欺瞞から解き放つことができます。兄弟にむかって打ち明けなさい。そうすればいつか、彼もまたあなたを信じて打ち明けるでしょう。真実を否定したり、それを聞かなかったふりをするのはやめてください。わたしはここで、あなたがたに理解できるようなシンプルな言葉で真理を語ったではありませんか。このさきはあなたしだいです。真理は人生で実践されないかぎり、十全に受けいれられたとは言えません。

あなたがたひとりひとりは、神の愛と恵みという宝石の多くの面のひとつなのです。それぞれが、それぞれの神性のシンプルな表現のしかたをもっています。ひとつの面の美しさは、別の面の輝きを打ち消すことはなく、むしろ両者の広がりと光を強めます。

ある面を輝かせるものは、ほかのすべての面を輝かせるのに役立ちます。わたしの中にある光は、あなたの中にもあります。わたしがあなたがたにまさって、神に愛されているわけではありません。兄弟姉妹よ、このことは自分のハートの中でおのずとわかってくるでしょう。どれほど外から教えられたり説かれたりしても、それを信じることはできません。

だからこそ、実践してくださいと、わたしは言います。あなたのものの感じ方の透明さを妨げる判断・批判という不純物をとりさりなさい。ハートを流れる愛を妨げる競争心、妬《ねた》み、貪欲をとりさりなさい。恐怖心や、自分に不足があるという思い、あなたのした干渉、そしてあなたの悲しみを告白しなさい。秘め隠した考えや感情の闇に、意識の光をあててください。

修正できないような過ちはありえません。宥《ゆる》されないようなふるまいはありえません。これがわたしの教えです。あなたがたは、わたしの言葉だけを通して理解するのではありません。教えたことすべてを、わたしは自分の生涯で示しました。ですから友よ、あなたも同じようにしてください。

ハートを目覚めさせる

無条件の愛は、自然にあなたのもとへやってきます。自分自身や他人にあわれみを寄せるのは、あなたの本性なのです。手をのばし、友人を慰めたいと思うのは、あなたにとって自然なことです。気遣ってくれる人たちの愛を受けいれるのは、あなたにとって自然なことです。

どれにも努力はいりません。学習もいりません。

ではなぜ、無条件の愛を経験することが、めったにないのでしょうか。その答えを聞いて、あなたはきっと驚くでしょう。

もともと、あなたがたは神とひとつで、その愛の全能の力を分かちもっていました。あなたにとって不可能はありませんでした。ところが、そのうちに、神から離れたらどうなるだろうという思いが起きました。離れてみると、それは初めての経験でしたから、自信がもてません。疑いが入りこんできて、こう思います。「もし、なにかうまくいかなかったら？」この疑いは、分離の不安にすぎなかったのですが、ほかの多くの恐怖心を呼び起こしてしまいました。その中には、「わたしが事態をめちゃくちゃにしたら、神はお怒りのあまり、わたしを愛してくださらなくなるだろう」というものもありました。この考えが決め手になったのです。

ほどなく罪悪感と、愛に満ちた神から切り離されるという感情が経験されるようになりました。この分離はあなたがたが創りあげて、自分に押しつけたものですが、とてもリアルに感じられます。あなたがたはそれを信じるようになりました。

そのあとであなたがたの創造したものは、その信念の結果です。つまり「神はわたしを愛しておられない。わたしに満足しておられない。わたしは神の愛に値しない」ということです。

そして自分自身の心《マインド》の中でかってに、恩寵から失墜してしまいました。神の愛の全能の力を分かちもっていたのに、その愛を恐れるようになりました。自分自身の創造力を恐れるようになって、それを見えないところへ隠してしまったとも言えます。あなたは創造者であることをやめ、犠牲者になりました。原因であることをやめ、結果になりました。つまり、事実を逆転させてしまったのです。愛を恐ろしいものにしてしまいました。

分離を感じているときには、その分離以前がどんな感覚だったのか、思い出すことはできません。それがあなたがた特有のジレンマのようです。

神へもどる道を見いだすには、一歩一歩足跡を逆にたどって、「分離」は自分が選んだもので、神が選んだのではないと悟ることです。「わたしが、もしこの力を濫用してしまったら」とあなたは考えました。そのせいで、自分の力が恐ろしいものになるような世界を創る方向へ行ってしまいました。あなたはさらに先へ進んでゆき、神があなたの疑いと恐れに答えてくださるのを待たなかったのです。

もし神のお答えを聞いたとしたら、それはたぶん次のようなものでしょう。「おまえは無条件に愛されている。わたしはおまえへの愛をひっこめたことは一度もないのだよ。愛されていることを思い出せば、おまえは愛に満ちたふるまいしかできないだろう」

神のこのお答えを聞いたら、分離されたというあなたがたの夢も終わることでしょう。それは、自分が愛されていないという思いこみを、まっこうから打ち破るものだからです。この思いこみが非現実的な考えのおおもとです。あらゆる犠牲者意識は、この思いこみから生まれます。自分が「愛されるに値しない」と信じていないかぎり、「悪い」ことを考えたり「悪い」ことをしたりはできません。あらゆる攻撃も、このたったひとつの思いこみから来るのです。

アダムとイブも同じように「もし」と考えました。「もし、わたしがこのリンゴを食べ、神様と同じくらいの力を持つようになったら？」ふたりもまた、自分でかってに恐ろしい答えを考えだし、恥ずかしいと思って、神の目から姿を隠そうとしました。あなたがたはいま同じ問いを立てています。おなじリンゴをかじっているのです。あなたがたも、神と隠れんぼをしようとしています。

あなたの犠牲者としての経験を作っているのは、たえまないこの自問自答なのです。自分で創りあげた世界で、あなたは犠牲者であると同時に迫害者でもあります。このふたつの役割をよく調べれば、そのあいだにほとんど違いがないのがわかるでしょう。犠牲者は迫害者を必要とし、逆もまた真です。

自分には愛を与えたり受けとったりする価値がないのでは、と疑ったとき初めて、悪の問題が生じてきました。愛を与え、受けとることこそ、あなたの存在のありかたです。あなたは自分が愛に値しないかもしれないと疑いました。自分だけでなく、この世界のすべてのものがです。そこで、さあ選択です。あなたがなすべき唯一の選択は、「わたしは愛に値するか」という問いに、自分で答えるか、神のお答えを待つかです。

実にかんたんなことです。神に、あなたのもともとの誤った思いこみを正していただくか、この思いこみを真実として受け入れ、その上に自分の人生を築くかです。

リンゴをしゃぶるのをやめるのに、遅すぎることはありません。自分の立てたそもそも誤った問いへの答えは不満足なものでしかありえない、と悟るのに遅すぎるということはありません。神に向きなおって、こう言うのに遅すぎるということはありません。「神よ、わたしの出した答えは、自分の心を恐怖で満たしました。その答えは、人生に悩みと苦労をしか持ちこみませんでした。だからこの答えはきっと誤っているのです。どうか別の答えを探すのを手伝っていただけませんか」

地上でのスピリチュアルな生活は、この問いを口にすることから始まります。どんな宗教を信じているかは関係ありません。社会的地位あるいは経済的状況は関係ありません。自分の誤った信念や思いこみに立ちむかう準備の整う瞬間が、だれの人生にも必ずやってきます。それはあなたの癒しの始まりであり、本来の力と生きる目的の回復となります。

自分自身の疑いを疑うこと、自分自身が否定的な存在であることを否定することが、ターニング・ポイントになります。物質世界への下降の終わりであり、天への上昇の始まりです。それは神とのパートナーシップの更新であり、モーゼ以来の〝新たな契約〟となります。

自分自身を、またほかの人を、不幸な犠牲者と見ているかぎりは、神のパートナーにはなれません。〝新たな契約〟はあなたに、神の王国を自分のハートの中に認めることを求めています。それはつまり、神があなたと分離しているという考えを拒否することでもあります。自分が、あるいは兄弟が、愛に値しないという考えを拒否してください。悪とは恐怖心の中で生み出された考えだとして拒否してください。神の力を濫用しうるなどという考えを、拒否してください。

〝新たな契約〟とは、「もし……したら?」という問いへの、神の答えを受けいれることです。それは自分自身の救済の始まりであり、神の王国を人類が地上に受けいれる第一歩でもあります。むかし、あなたがたは、神と自分との創造的なパートナーシップを拒否しました。いま、あなたはそれをとりもどす準備ができています。むかし、あなたがたは、自分が神の目からみれば愛に値しないという考えをもてあそびました。いま、あなたは神との永遠の愛の交流をとりもどそうとしています。

神をふたたび人生に受けいれれば、この世界およびそこに住むものとの経験すべては、すっかり変わってしまいます。あなたは近寄ってくるすべての子どもの父親であり、母親であり、近寄ってくる老人の息子、娘となります。友だちの多い人にも孤独な人にも、友だちとなります。自分が愛されていることを覚えている人をも、それを忘れた人をも愛します。

あなたの愛に満ちた存在と神の愛の実践が、必要とされないような場所はありません。すべての場所があなたのやさしい言葉を呼び求めています。あなたが渇きを癒す杯《さかずき》からいっしょに飲むことを、すべてのものが待ち望んでいます。

不幸という夢は、その存在を問いつめ、拒絶したときに、終わっています。あなたが自分の不幸を問いつめるとき、ハートの中にある無条件の愛に目覚めてゆくのです。不幸に甘んじていれば、その経験はさらに度を増してゆき、底まで落ちます。でも底に達すれば、もうたくさんだとわかるでしょう。

だれも他人を、むりやりに目覚めさせることはできません。だれでも、条件つきの愛をやりとりすることの不毛を経験する時がやってきます。分離とコントロールが耐えがたくつらいものになるまでは、そういう愛にしがみついています。どのくらいで耐えられなくなるかは人によって違いますが、だれでもいつかは限界に達します。

ですから、人にお説教をするのではなく、ただ愛を及ぼすようにと、わたしは言うのです。それを受けいれる準備のできた人は、あなたについてきて助けを求めるでしょう。まだ準備のできていない人は、あなたとはかかわりなく自分の旅をつづけるでしょう。

「教師」は求められればそれを「教え」ます。愛を願い求める人には、行いで、あるいは言葉で、愛を及ぼします。こうすればそのうち救われると言ったり説いたりして、信じない人をおどしつけたりしません。

救済は、いま、救われたいと願う人すべてに与えられています。ほかの人を批判・判断しないでください。それはあなたの役目ではありません。遅れて神の愛のひざにもどってくる人が、早々ともどった人よりも価値がないとはいえません。

ほんとうのことを言えば、あなたをひきあげるのは神ではありません。わたしでもありません。あなたがあなたをひきあげるのです。自分がいかに愛すべき存在かを思い出し、神の計画のなかでの自分の役割を受けいれることで、自分をひきあげます。

自分の全能性を受けいれるためには、まず神と和解しなくてはなりません。すべての力は神から来るからです。あなたも対等のパートナーとしてそれを分かちもつのですが、神と離れては、その力を行使することはできません。「もし……したら」の夢を見ているさなかでさえ、あなたは神の愛から完全に分離することはできません。その夢の中で苦しみが限界に達すれば、もどることを選ぶでしょう。それはだれでも同じことです。

神の愛の力は、濫用などできません。拒絶し、否定し、隠してしまうことはできるでしょう。しかしあらゆる拒絶、否定、秘めた罪悪感にも限界があります。真実は、ゆがめられるかもしれませんが、完璧に抹消されたり否定されたりすることはありません。どんな暗闇にも一点の光はつねに残っています。その光は、それを見つけたいという望みがわきあがったときには、つねに見つかります。

友よ、あなたは自分の夢の主人公です。闇を夢見たのもあなたなら、光をもたらすのもあなたです。あなたは誘惑者と救済者のひとりふた役です。そのことを、あなたはすでに知っているはずなのですが、あらためて知るようになります。

この自作自演のドラマの中で、あなたのかかえる問題は神との関係のみです。見かけは兄弟とのもめごとのように感じるかもしれませんが、そうではありません。善悪の木は、あなたの心《マインド》の中に生えています。自分がつまらないものだとか、力を誤ったふうに使うとか、あなたが考えているのは、あなたの心の中でだけです。

あなたの答えと神の答えが、ぴったりひとつになるときがやってきます。そのとき善悪の木は、分かちがたい全体である、生命の木になるでしょう。愛はもはやその敵対物をもたず、自由にあらゆる方向へ広がってゆきます。

だれかが近づいてきて、あなたの愛に、また自分の愛に条件をつけようとしたら、あなたはこう言います。「兄弟よ、わたしはその夢を見たけれども、その結果を知った。それは苦しみと死にしかつながらない。どちらにとっても満足はいかない。そんな夢を生みだした、もともとの思いこみをよく調べてみよう。いっしょに考えれば、きっと道が見つかるはずだよ」

地上での自分の目的はなんだろうか、と考えたことがあったとしたら、この前の段落をもう一度読んでください。そうすれば、自分の目的とは、愛の呼びかけを聞いたらつねにそれに応《こた》えることだけだったのだ、と思い出します。あなたにその気があれば、むずかしいことではありません。特別な能力も才能もいりません。どのようにとか、なぜとかは、あなたが目の前に開かれた扉を通りぬければ、愛がみずから取りはからうでしょう。

わたしはあなたがたに、レンガの壁を通りぬけなさいとか、水の上を歩きなさいと言った覚えはありません。扉が開いているのを示し、入る準備ができているかどうか、たずねただけです。あなたも兄弟に対して、それだけをたずねてください。

条件をつけずに愛することのできる人は、結果に執着しません。人は来て、また去ってゆき、あなたにはその理由はけっしてわかりません。いかにも楽々と門を通りぬけそうに見える人が、手前でくるりときびすを返して立ち去っていきます。とうてい門の見える地点まで来るとは思えないような人が、思いもかけない潔《いさぎよ》さでそこをくぐっていきます。

心配をやめてください。だれが来て、だれが去ってゆくかは、あなたの問題ではありません。契約はすべての人のハートの中にあって、神のみが、だれが準備ができているかをご存じです。それは神におまかせし、ただ神とともに働くことに心がけましょう。神の意志を行うとき、人生ははるかにスムーズに流れてゆきます。神を信じるとき、ハートはそのふちまで愛と受容になみなみと満たされ、あふれ出るのです。

こうしてわたしたちは、愛の供給に限りのないことを知るでしょう。それには始まりもなく、終わりもありません。地上のすべての限界は、神の王国がわたしたちのハートの中に建てられるとき、きわまりのない天の愛のなかに溶け去るのです。

欠乏感を除去する

欠乏感に満ちた考えは、自分が愛に値しないという思いから出てきます。愛に値しなければ、外部に欠乏を投影します。コップの水は半分入っていても、半分しかない、というふうに見ます。コップの水を半分しかない、と見ていると、じきにからっぽになっても驚くにはあたりません。欠乏はネガティブな感じ方の結果です。もちろん、この単純な原理は逆も真だと言えます。コップにはまだ半分も水が入っている、と見ますと、ほどなくふちまでいっぱいになるでしょう。自分が愛に値すると知っていれば、他人の言葉や行為を愛の観点から解釈しやすくなります。めったに腹が立ちません。だれかが失礼な態度をとっても、きょうはたまたま虫の居所が悪いのだろう、と考えます。自分が犠牲者だとか虐待されているとは思いません。

人生をどう見るかは、自分が愛すべき存在かそうでないか、自分に価値があるかないかの感じかたで決まります。どちらの場合も、あなたは自分の意見をさらに強化するような状況を外界に作り出します。

供給に関する先入見はすべて、過去に生きていることからきます。欠乏は古傷の思い出にすぎません。それがいともかんたんに未来に投影されます。

この欠乏的思考を終わらせるには、過去を宥《ゆる》さねばなりません。過去がどのようであれ、それはもう問題ではありません。あなたが手放してしまえば、なんの影響力もありません。

あなたは、自分が不当に扱われていると感じていますか。もしそうなら、あなたは欠乏を人生に投影します。不当な扱いを受けていると感じる人だけが、不当に扱われるようになります。

欠乏的思考を終わらせるには、自分が不当に扱われていると感じていることに気づくのが第一歩です。それはあなたの奥深いところにある、自分には価値がないという感覚からきています。自分は愛すべき存在だと現在感じられないでいることを、理解してください。

思考をむりに変えようとしないでください。条件づけを逆にしようとして、「わたしはいま現在、愛すべき存在だ」というアファーメーションをくりかえしたりしないように。ただ気づくのです。「わたしはいま、愛すべき存在ではないと感じている。無価値だと感じている。不当に扱われていると感じている。過去に起きた悪いできごとが、また起きるのではないかとおびえている」と。

ハートが緊張し、ぎゅっと縮まることに気づいてください。自分が感情的に閉じてしまっているのに気づいてください。そして、今のほうが安全な心持ちがするかどうか、自分に問いかけてみてください。

自分のもとにやってきた情報を、ネガティブなものと見るか、ポジティブなものと見るかはあなたの選択でした。あなたはコップを半分から、だと見るのを選択しました。犠牲者になることを選びました。

別にかまわないのです。恥じることはなにもありません。これ以上縮みあがる必要はありません。自分を叱咤激励する必要もありません。ただ、自分が何を選んだのか、その結果どういう気分になったのかに気づいてください。それを見極めて、手放します。

「わたしは自分のした選択を見た。不幸な気分になったのがわかった。不幸になりたくはないから、別の選択をしよう。コップには水がまだ半分も入っている、と見よう」

もしこのような言葉を、すっきりと整理された感情の状態で言えるのでしたら、あなたは過去を手放し、傷を手放したことになります。やってみてください。大きな効果があります。

あなたは犠牲者になることをずっと練習してきて、その役割にはなはだ習熟しています。ですから練習なしで、いきなり勝利者になれるとは思わないほうがいいでしょう。ただ犠牲者になろうとした選択を見てとり、それを進んで手放そうとしてください。それで十分です。

豊かさの思考とは、自分が愛されていて、今のこの瞬間にも価値ある存在だということを意味します。そうだ、そう感じるぞと思っていても、電話が鳴って、莫大なお金を損したとか、奥さんが家出したとかわかったら、自分にどのくらい価値があると思えますか。コップは半分から、でしょうか。半分入っているでしょうか。

そうした恐怖心に根ざした思考があるのだと認めるだけで、変容への長い道のりの第一歩が踏み出せます。自分の感情に正直になることが、スピリチュアルな成長には欠かせません。

むりにポジティブな考え方をすることはできませんが、ネガティブな考え方に気づくことはできます。ネガティブな部分に気づくことは、愛に満ちた行為です。それは希望をふくんでいます。「いま起きていることを見たが、もっとうまいやりかたがあるのがわかっている。わたしは別の選択もできるのを知っている」

自分に別の選択を与えることは、個人の贖《あがな》いと再生の仕事です。過去を宥《ゆる》し、手放せば、別の選択のできる状態を準備することになります。あなたが同じ過《あやま》ちを何度おかしたとしても、あなたにはつねに自分自身を宥《ゆる》す新しい機会があります。

宥《ゆる》しなくしては、欠乏的思考から抜け出すことはできません。そして宥《ゆる》すためには、自分が傷ついたあらゆるケースに気づいていることです。傷ついたと認めることです。そうすれば、それを宥《ゆる》すことができます。

傷を秘密にすれば、過去から逃れられません。深い傷にはまず包帯をしなければなりませんが、癒《いや》しのプロセスを完了させるには、空気と日光にさらすことです。あらゆる無意識の信念や思いこみに対して、意識の光をあてることが必要です。

欠乏感は、たいせつな教師です。あなたの環境にあらわれた欠乏部分はすべて、内面の無価値感の反映ですから、その無価値感を意識にのぼらせなければなりません。

欠乏の経験は、神があなたを罰しているのではありません。あなたが自分自身に対して、修正すべき信念があることを教えているだけです。

あなたは自分自身を愛する力をもっています。この力を自分のなかに目覚めさせたとき、初めて真にスピリチュアルな成長が始まります。

自分がいかに自分自身に愛を惜しんでいるかを見てとることで、自分を愛せるようになります。そして自分自身にどのくらい愛を惜しんでいるかは、他人に愛をどのくらい出し惜しみするかを見ればわかります。

豊かさがあなたの人生に入ってくるのは、なにかいわくありげな呪文を覚えることによってではなく、自分の精神の傷ついた部分に愛をもたらすことを学んだときです。愛はあらゆる分離と競合の感じを癒し、罪や罪悪感をもたない、もともとの完全さの自覚をよみがえらせてくれます。

自分自身の本来の姿を見れば、愛が自分から取り去られることはないとわかります。愛は永遠にあなたのものです……形はなくても常にそこにあり、無条件ですが、いま現在の条件に応じてやすやすと姿をあらわします。

悪い知らせと思えることが起きたら、次のように考えてください。神があなたに、ありがたいかどうか疑わしいような贈り物をくださるでしょうか。箱の包み紙にまどわされず、オープンな気持ちで開いてみてください。それでも贈り物の意味がわからなければ、しずかにして待ちます。神はけっして、中身に問題のあるような贈り物をくださいません。

その贈り物が人生に効果をあらわすまでは、意味がわからないこともよくあるでしょう。じれったいかもしれませんが、しかたのないことです。

神の贈り物はあなたのエゴの期待を満たしてくれるものではありません。その値打ちは、もっと高い摂理に従ったものです。それはあなたがほんとうの自分と人生の目的に対して、オープンになるのを助けます。ときには扉が閉ざされてしまったように見え、あなたにはその理由がわからないかもしれません。正しい扉が開いたとき初めて、前に閉まったのは不適切な扉だったのだとわかるでしょう。

あなたは〝聖なる心《マインド》〟のパートナーです。豊かさはあなただけの責任だとか、神だけの責任だとか思わないでください。あなたは神を必要とし、神もあなたを必要とされます。自分自身の恐怖心、無価値感に進んで目を向ければ、神はあなたの中の神聖な火花にも目がいくようにしてくださいます。

あなたが自分自身を愛したいと思うなら、神の愛があなたのところまで流れてこられるような水路を開かねばなりません。あなたの心の中に豊かさへの扉を開き、あなたのまわりすべてに映しだされている愛の贈り物を見てください。そしてどうか、これらの贈り物の価値や、それがあなたの人生にあらわれた形を、判断・批判しないでください。その価値は問題の余地のないものですし、形はじつに誤解されやすいものなのです。

感謝

豊かさの話をするなら、感謝にふれないわけにはいきません。感謝は、自分には価値があるという気持ちから生じ、豊かさの経験を支えます。というか、感謝知らずと不平不満は、自分には価値がないという感じから生じ、欠乏感にさらに拍車をかけます。

どちらも閉じた円環です。

恵みの円環に入りたいのなら、自分自身や他人に愛を与える必要があります。恐怖心の円環に入りたければ、自分自身にも他人にも愛を与えないことです。

ひとつの円環の中にいるときには、別の円環が存在しているなぞ、信じられません。だからこそ、経験のなかにまったく別個のふたつの世界があるように感じるのです。

感謝する人は、不正な仕打ちを受けることがあろうとは信じられません。怒りに満ちた人は、神に愛されるなぞ想像もできません。どちらの世界に住みたいですか。選ぶのはあなたです。

毎瞬毎瞬、あなたは犠牲者になるか、自分に不当な仕打ちは起こりえないということを思い出すか、どちらかを選択します。前者の場合は、贈り物に不平を鳴らし、それを罰だとみなします。

後者の場合は、やってきたものを、まだ今はわからないけれどもきっと恵みにちがいないと思って受けいれます。

感謝とは、神の愛をあらゆるものに見るという選択です。この選択をしたら、どうしたってみじめにはなりようがありません。感謝の選択が幸福につながるのは、不平不満の選択が不幸と絶望につながるのと同じくらい、たしかなことです。

ある態度は自分を助け、上昇させます。別の態度は、価値をひきさげ、破壊します。

人生にどちらの態度で応じるか、その選択次第であなた自身の感じかたは違ってきます。絶望の中に住んでいるのは、あなたがもらった贈り物を粗末にしたからです。

地上を歩いている人はみな、自分のまいた思考の結果を刈り入れることになります。もし来年の収穫の状態を変えようと思うなら、いま現在の考えを変えてください。

なにかひとつのことについてありがたいと思ってみれば、このシンプルな公式の正しさがわかるでしょう。次に、もらった贈り物を投げすてようとしたとき、ちょっと手をとめ、ハートを開いて、その贈り物を感謝の気持ちで受けとってみてください。そうすれば、贈り物と、それをくれた人との人間関係の経験のしかたが、まるで違ってきます。

次にだれかに判断をくだしたり、非難しようとしたとき、ちょっと手をとめ、その人をハートの中に入れてみてください。あなたが非難しようとした部分を祝福します。判断をくださず、自分が判断をせずにすんだことをよろこんでください。他人をあなたのせまい了見から自由にしてあげたとき、あなたにやってくる解放感を味わってください。

わたしが、「もういっぽうのほおを向けるように」と言ったのは、兄弟に対して、あなたにはわたしを傷つけることはできないことを示しなさい、という意味だったのです。あなたを傷つけることができなければ、相手はあなたを攻撃した罪悪感を負わずにすみます。そして罪悪感がなければ、自分を罰する必要もありません。

ほおを向けるとき、あなたはもう一度なぐってもいい、と挑発しているのではありません。傷つけるなどという行為はないのだ、と相手に思い起こさせているのです。わたしは自分が不当な仕打ちを受けることはありえないと知っている、と相手に告げているのです。相手に対し、自分は攻撃を受けいれるつもりはない、なぜなら、わたしはいまこの瞬間にも価値のある愛すべき人間だとわかっているのだから、と告げているのです。そして自分に価値があるとわかっていれば、必ず相手の価値もわかります。

この世界における暴力や侵害は、あなたがたが犠牲者あるいは迫害者になることを拒否すれば、なくなります。そのときあなたがたは恐怖心の円環の外に踏み出し、言うことなすことは恵みに満たされます。みんながそれを経験するでしょう。

キリストがわたしの中に生まれたように、あなたの中にも生まれます。しかしまずはじめに、すべての無価値感、欠乏感、不平不満、攻撃や防御の必要性などを捨て去らねばなりません。まず、あなたは相手にほおをさしだすことを学ばねばなりません。

ふたつの世界があるように見えるでしょうが、実際はひとつだけです。恐怖心は愛の不在にすぎません。欠乏は豊かさの不在にすぎません。不平不満は感謝の不在にすぎません。もともと豊かさのなかに存在していなかったものだけが欠乏するのです。そもそも存在しなければ、不在になったといっても意味がないではありませんか。

これは隠れんぼのゲームに似ています。だれかがまず隠れます。だれでしょう？　あなたでしょうか、わたしでしょうか。もしかしたら、創造主ご自身かもしれません。

ほんとうは、だれでもいいのです。あなたの番になって、あなたは隠れます。兄弟はあなたを見つけだすでしょう。わたしが兄弟を見つけたように。みんな順番にオニになり、順番に最後には見つけられます。

二極性の世界は、全一の世界から放射されたものであり、またそこへ帰っていきます。合わさっていたものが、ふたつに離れ、またひとつになります。これはシンプルなダンスです。こわいことはありません。

自分自身のことをあまり深刻に考えずに、このダンスに加わってみてはどうでしょう。プロのダンサーはだれもいません。でも全員が、ステップを学ぶ力があります。だれかの足を踏んでしまったら、「失礼」と言えばすみます。あなたがたはみな学んでいるさいちゅうなのですから、まちがえても当然です。

執着からの自由

自分の望みを物質世界で実現することがじょうずな人は、現実的な目標をたて、状況に応じて柔軟に対応していくことを学んでいます。

柔軟性ということの意味を知りたいなら、風のなかの若木をごらんなさい。幹は細くもろくても、すばらしい強靭さと耐久性をもっています。それは木が風にさからうのではなく、それに合わせて動くからです。

あることの起きる条件が整っていれば、たいした努力なしに実現します。条件が整っていなければ、たいへんな努力をしても実りません。風とともに動くには、現在の条件に対する敏感さがいります。休んで英気をたくわえるときがあり、エネルギッシュに前進するときがあっていいのです。

いつ動き、いつ動くべきでないかは、常識と直感の問題です。抽象的な思考だけでは、ほんとうにものごとを感じとることはできません。抽象思考は、感情の敏感さと結びつくべきです。

ものごとを正確に見極めるには、外的な状況がどんなふうで、どう動いているかだけでなく、自分がその状況にどんな感情を投影しているかも見極めねばなりません。内的現実、外的現実のどちらをも視野にいれます。

内的現実が外的現実のそれを決定するのだ、という人がいます。逆だという人もいます。どちらも真実です。ニワトリは、卵がなければ存在しないし、逆もまた真です。原因と結果は直線的に結ばれるものでもないし、こうなればこうなる、と次々ドミノ倒しのようにつながっていくものでもありません。それは同時にあらわれます。本質は円環的なのです。原因が結果を決めるだけでなく、結果も原因を決めます。

「ニワトリか卵か、どちらが先か」という問いに対する答えは、どちらでもあるし、どちらでもない、ということです。ニワトリと卵は同時存在です。

「Aか、さもなければAでないか」という問いはすべて同じように答えられます。そうでなければ、その答えはまちがっています。〝至高のリアリティ〟とは、AでなければBであるというような二極性の枠ではとらえられません。それは内なる主観的現実と、外なる客観的現実の両方をふくみ、また両者の自発的な相互作用をふくんでいます。あらゆる対立物は、その中にふくまれてしまいます。

〝至高のリアリティ〟は、全的な受容、全的な降伏、全的なすべてを受けいれる愛の産物です。そこにふくまれないものはありません。

木が根こそぎひきぬかれ、川に流されたとしても、そこに悲劇はありません。木と川のあいだには、なんの差異もないからです。

〝至高のリアリティ〟の流れと対照的に、世の中には〝抵抗〟というものがあり、これがさまざまの条件づけを生みだします。弁別、比較、評価判断が起き、自然の流れが妨げられます。

〝至高のリアリティ〟の本質は「イエス」と言うことです。それにはもともと陶酔と熱狂がそなわっています。それは、あらゆるものごとを吸収同化します。それは目に見えるようになった幸福です。すべての人、すべてのものを、自分自身とみなすからです。

〝抵抗〟はつねに「ノー」と言います。それは本来、葛藤や努力をともなっています。あらゆるものに反対しますので、不幸の具現化ともいえます。

抵抗がないとき不幸はありません。不幸はつねに、なんらかの条件に対して抵抗します。不幸は、これは良いという解釈、あるいは悪いという解釈の上に立っています。不幸の根とは、執着、こだわりです。

さて、わたしはあらゆる執着を捨てなさいと言っているわけではありません。友よ、それは現実的に達成できるゴールとはいえないでしょう。ただ、自分の執着、ものごとの感じかた、良い悪いという解釈方法に気づきはじめてください。あなたが自分の幸福をいかに条件つきのものにしているかに、気づいてほしいと求めているのです。

無条件というものを理解したければ、風に身をゆする木を見なさい。あれ以上の比喩はありません。木は深く根をはり、がっしりと枝をひろげています。足もとは確固とし、上のほうは柔軟です。それは力強さと、ゆだね、あけわたすことのシンボルです。

柔軟性を人生のあらゆる状況において発揮することによって、あなたもまた同じような力強さを発達させることができます。背筋をのばして立ち、この瞬間に根ざしていてください。自分の欲しているものを知り、しかし、それらをむりやりに求めるのではなく、人生の流れがおのずとそれをかなえてくれることを知りなさい。あなたの欲しいものを、ある方法で手に入れるということに執着してはなりません。それは、不必要な抵抗をもたらします。むりに風に逆らおうとした幹は、折れてしまうでしょう。

風とともに動くのです。人生はダンスです。良いものでもなければ、悪いものでもありません。動きであり、持続です。

あなたの選択は簡潔です。ダンスできるか、できないか。ダンスをしないことに決めても、ダンスフロアから追い出されるわけではありません。ダンスはあなたのまわりで、くりひろげられ続けています。

ダンスは続き、あなたもその一部です。このことには簡潔な神聖さがあります。生きているということの、簡潔なありがたみを味わってください。あなたが人生に、それ以上の大きな意味を求めているとしたら、得られずに失望するでしょう。ダンスのほかに、意味はありません。

あらゆる条件は、無条件という状態に対して開かれています。ただ自分をオープンにして、この瞬間の中にいれば、神の腕の中に抱きとめられるでしょう。しかし一瞬でも抵抗すれば、自分で作り出した不必要なもつれに絡まってしまいます。

人間は条件つきの現実《リアリティ》から自由になることはできません。なぜなら、条件つきの現実は、人間の意識が創造したものだからです。自分の創造物から逃げようとするのをやめてください。ただ受けいれるのです。木が風を受けいれるように。あなたの聖性は、完全に人間らしくあること、自分や他人の欠乏や欲求を完全に受けいれる態勢になることのなかにあります。深いあわれみの気持ちは、自分を感情的体験から切り離してしまうのでなく、完全にその体験に参加することによってのみ持つことができます。

この世界は苦しみに満ちた場所だという人がいます。おろかしい話です。この世界は楽しくもなく苦しくもないところ、というか、どちらともいえる場所です。世界は感情体とメンタル体の誕生の場所です。生物的な誕生と死は、いろいろなものを創造する「思考・感情」意識の発達を、単に容易にするだけです。

この誕生というわざの重要性を否定するのは、おろかしいことです。かと言って、おおげさにまつりあげるのもおろかしいことです。誕生の旅にかかわった人間のなかで、喜びと苦しみの両方を味わったことのないものはいません。

では、両方とも必要なものなのでしょうか。

そのとおりです。苦しみがなければ、母親は赤ん坊を産道から押しだそうとはしません。しかし、新たな誕生の喜びがなければ、その苦しみは意味をもちません。

だから「ここは苦しみの場所だ、あるいは喜びの場所だ」とは言わないでください。あなたの体験を、実際とはべつのものに仕立てあげないでください。解釈から遠ざかりなさい。解釈は、人生のどちらかいっぽうの極をだけ受けいれるよう、うながすのです。

この世界でのわたしの経験も、あなたがたと同じでした。苦しみを克服することはできませんでした。かわりに、それに対して自らをゆだね、あけわたしました。死を超克《ちょうこく》することはできませんでした。そこで進んでその中を通りぬけました。肉体を賞揚することもせず、非難することもしませんでした。この世界を天国とも呼ばず、地獄とも呼びませんでしたが、どちらも自分が作り出したものなのだと説きました。

わたしはあなたがたと同じように、人生のダンスの中へ入ってゆき、理解と受容のなかで成長し、条件づけられた愛から、条件なき愛の経験へと移行してゆきました。愛する兄弟姉妹よ、あなたが感じたり経験したりしたもので、わたしが味わわなかったものはありません。わたしはあらゆる欲望と恐怖心を知っています。それらすべてを通りぬけたからです。それらから自由になれたのは、なにか特別な神の摂理があったためではありません。

わたしもあなたと同じ程度のダンサーです。わたしはそこに参加し学びたいと、喜びいさんで願っただけです。わたしがあなたがたに求めるものも、それだけです。喜びいさんでおこなってください。参加してください。ふれ、ふれられてください。あらゆるものを感じてください。腕を開いて人生を迎えいれ、人生をハートにふれさせてください。そのためにこそ、あなたがたはここにいます。

ハートは開くとき、愛に満たされています。与え、受けとるというハートの力は、外的なものにはまったく依存しません。見返りを期待せずに与えます。与えることが、当人への最大の贈り物にもなるからです。そしてハートが受けとるのは、自分自身のためだけでなく、相手にもその贈り物を経験させるためです。

ハートを開いた男女は、もはやこの世界の法則には制限されません。ですから奇蹟は、特別な行為を通してではなく、愛自身の広がりの一部として起こってきます。

奇蹟は、直線的な因果律からは出てきません。計画できるものでもありません。それをおこなったり受けとったりすることを、学習することはできません。奇蹟は、開いているハートに、そしてコントロールしたい、知りたいという欲求をあけわたした心《マインド》に、自然にやってきます。

神の心は無垢で無邪気であり、すべてを与えるからです。神の一部であるあなたに、神が供給をさしひかえることはありえません。あなたを分離した別存在として見ることはありません。親が子どもを見るように、ゆるぎない愛と関心をもってあなたを見守ります。

「手をのばし、贈り物を受けとるがよい」と、神の心は呼びかけてきます。でもあなたは耳を貸しません。心がいらいらと波立っているので、聖なる声の呼びかけが聞こえません。自分の人生の状況を見回し、あちこちアラ探しをしているうちは、神の無条件の愛に包まれていることに気づきません。

しかし、どれほど神からへだたっているように感じたとしても、あなたと神との距離は思いひとつぶんだけなのです。たったいま、この瞬間に、あなたは救われます。

覚えておきなさい、友よ。たったいまこの瞬間に、あなたは神の声に耳を澄ませるか、あるいは自分で作り出した無用な心理劇の泥沼にはまりこむか、です。たったいま、あなたは幸福になるか、人生の状況のアラ探しをするか、です。自分の思考によく気をつけていて、こうたずねなさい。「わたしはたったいま、神の無条件の愛に気づいているだろうか」

もし答えが「イエス」なら、あなたはハートに〝聖なる存在〟のぬくもりを感じます。答えが「ノー」なら、あなたの意識がその〝聖なる存在〟のことを思い出させ、あなたをそちらへつれてゆきます。このシンプルな実習はけっして失敗しません。ためしてごらんなさい。

いま現在の瞬間に対してオープンになれると、心と経験の中にある〝聖なる存在〟に気づく回数も多くなります。この拡大した意識の内部で、あなたという個人の目的も明らかになり、自分と他人にとって最善のことをするにはどうすればよいか、その道も見えてくるでしょう。

ある環境が、あなたの目の前にあらわれてきます。見かけは混乱したものかもしれませんが、あなたはもう、判断をくだすことはありません。あなた自身にも他人にも、もはや不備な点は見いだせません。いまここにある状況に全面的に身をあけわたすようになり、ベストをつくし、自己放棄の力強さのなかにゆったり安らぎます。あなたは結果をますます神の手にゆだねるようになり、贈り物はつねに受けとるにふさわしいものだということがわかります。あなたの贈り物は、つねに十分なものです。

このようにして、自己を十字架にはりつけにする時期は過ぎ去り、心に平和がもどってきます。そのときあなたは、わたしのまことの姿を見るでしょう。なぜなら、そのときにはあなたは自分の内にキリストを生み出しているからです。わたしはそれを確信し、大きな喜びをもって、その瞬間を待ちのぞみます。それは真理の瞬間だからです。それは分離の終わりです。それはあらゆる苦しみの終わりです。

内なる神の栄光

神とはまったく抽象的なものではなく、生きた存在で、ひたすらに良きもの、与えるもの、幸福、全体性、そして自由なものです。

あなたには想像するのがむずかしいことはわかっています。でも心《マインド》を広げてみてください。可能性はここまでだと区切っている限界を手放してください。神はその限界の外にあります。なぜなら形をもたないからです。形がないので、万物の内に住むことができます。神の存在が見いだせないような場所はありません。

神は男でも女でもありません。身体がないので、性別もありません。神がしばしば「父」と呼ばれるのは、わたしたちとの関係が男性的なものだからです。わたしたちは神のスピリットを持ち運び、育み、世にもたらす子宮です。

しかし、そのような関係、花嫁と花婿のような関係にあるからといって、神を男性的なイメージ一辺倒にする必要はありません。神は戦士でもシャーマンでもなく、救い主でもありません。白髪の賢人でもなければ、賢女でもありません。そうしたイメージは文化人類学的なものです。

神は、男性と女性の持つあらゆるポジティブな可能性を結びつけた、愛の存在です。育みそだて、また保護します。力強く能動的であると同時に、優しく温和です。

神は、いにしえの賢者の知恵と同時に、おさな子の無邪気さを備えています。戦士の強さと同時に、若い母親の気遣いを備えています。神はすべてであり、それ以上です。

神は定義できません。わたしたちが「神」について抱いている概念の中には、閉じこめられません。

制限なき存在であるがゆえに、神のスピリットはわたしたちの心と経験の中を生きて動いています。この神の臨在からわたしたちは、自分の本性を引き出しています。その本性こそ、わたしたちのまことの姿です。その本性に意識的に気づくことはあまりないのですが。

スピリット、つまり〝聖なる本性〟は、生まれることも死ぬこともありません。それは肉体的な誕生の前から存在し、肉体の死ののちも存在します。その本性は、知性的・感情的経験の範囲には押しこめることができません。それはつねに変わらぬ愛の存在であって、自分自身を十字架につけたり、他人を攻撃したりするのをやめさえすれば、そこへもどることができるのです。

あなたの中の〝聖なる本性〟は、兄弟姉妹の中のそれとまったく同じです。それはたったひとつの本性、たったひとつのスピリットなのです。肉体はたがいに別々ですが、〝聖なる本性〟があなたがたを結びつけています。心どうしはくいちがい、他人をあれこれ批判し、攻撃するかもしれませんが、〝聖なる本性〟はあらゆる心をたったひとつの調和の中に抱きとります。

あなたが肉体に、あるいはたがいに分離しているという考えに自分を同一化しますと、〝本性〟を忘れてしまいます。ほんとうの自分を忘れてしまいます。あなたは兄弟とは別の分離した存在だと思っています。神からも分離していると思っています。そう思っていなければ、まわりを批判したり、攻撃したりできるはずがありません。

あなたが〝本性〟を思い出せば、あらゆる存在とのスピリチュアルな関係をも思い出すことになります。ほんとうの自分を思い出せば、攻撃などできません。

内なる〝聖なる本性〟を認めるまでは、あなたは神の栄光を知ることはないでしょう。この〝聖なる本性〟はあなたの性別、人種、経済状態、国籍、宗教には関係ありません。自分のことをどう考えているか、他人にどう思われているかも関係ありません。

あなたの内なる〝聖なる本性〟は、まったく愛すべきものであり、愛です。その〝本性〟に接触すれば、あるがままの自分でいい、それで受けいれられるのだとわかるでしょう。あなたには、なにも改善したり手直ししたりするべきところはないとわかります。自分の〝本性〟を知るには、自己批判と自責を手放さなければなりません。また兄弟姉妹に対する批判をも、根こそぎ捨てなければなりません。

この状態にとどまることに慣れてきますと、人生はどんどん楽になります。だからこそ多くのスピリチュアルな教えは、瞑想と祈りを日課にすることを勧めているのです。神との交わりは、あなたを力づけます。肉体的にも感情的にも知的にもよい状態になるには、それが必須です。

わたしはなにも一日一時間ずつ瞑想や祈りをしなさいとは言いません。しても悪いことはないのですけれども。ただ、一時間に五分は、そして十の考えのうちの一つは、自分の〝聖なる本性〟を思い出すようにしてください。神を思い出すということをたえず行うようにすれば、人生のソープオペラ〔訳注　波瀾万丈のストーリーを持つチープな連続ドラマ〕にはまりこむことはなくなります。十のうち九つの考えはおそらく、自分はここを直すべきだとか、あの人はあそこを直すべきだとかいうものでしょうが、十番目の考えは、直すべきところのないものについての考えにしてください。十番目の考えは、完全に受けいれられるもの、完全に愛すべきものについての考えにしてください。

これは、安息日として確立すべきリズムです。六日のあいだ、あなたは仕事や葛藤のドラマにはまりこみますが、七日目には神を思い出すようにしてください。七番目の日は休息の日、内側に向かう日にしてください。

安息日の知恵を日常生活に持ちこんでください。そうすれば、ほんとうの自分、また兄弟のほんとうの姿を、あまり長く忘れないですみます。思い出すという儀式に入れれば、あなたの一日一日、一時間一時間、そして毎分がすっかり変わります。

食事のときには、神があなたとともにテーブルについておられます。兄弟と話すときには、神があなたに、相手を勇気づける言葉を言わせてくださるでしょう。そういうことを全部忘れて、妻あるいは夫に向かってわめきちらすときも、神は手をのばし、あなたにそっとふれ、ユーモアたっぷりに言われます。「またソープオペラにはまったね」あなたは自分自身がおかしくなって笑いだし、自作自演のドラマに深入りしないですむでしょう。

すべては思い出すというゲームです。いったんそのことに気づけば、儀式の意味はあなたにとって、まったく変わってしまいます。ですから、自分が思い出すことの助けになるような儀式の形式を自由に選べます。どんな形式でもいいのです。さいわい、形式は探そうと思えば山ほどありますし、だれでも自分にぴったりのものを見つけられます。

兄弟の選んだ形式が、自分のと根本的にちがっていても、心を乱さないでください。その人が思い出すのに役立つような形式であれば、そのことはあなたの役にも立つのです。形式の違いで言い争うことはありません。それはまったく本質的ではないのですから。

形式に関するむなしい議論ほど、わたしをいらだたせるものはありません。人々をたがいに分かち隔てるような言葉や信条は、わきにのけておきなさい。あなたが恵みの道を歩きたいなら、目に入るあれこれの違いを見過ごし、むしろ人と分かちあえる部分に着目し、それに焦点をあわせることです。

真実はあらゆる形式、あらゆる大きさでやってきますが、すべてはたったひとつのシンプルな真理です。あらゆる形式のなかに、あらゆる状況のなかに、その真実を見いだせるようにしてください。平和を愛する男女なら、そうすべきです。

あなたがたは、文化や宗教のバリアーが乗りこえられるような時代に入ってきています。ちがった言葉を話す人々が、おたがいを理解するようになるでしょう。多様性を許容すれば、すべての人に認められる普遍的な価値という考えにゆきつくでしょう。これからはひじょうに重要な時代です。あなたがたひとりひとりは、このバリアーをはがして、平和にいたりつくための重要な役割をになっています。

ですから、どうか、そこでは自分が完全ですべてであるような、そういう場所をみつけるようにしてください。その場所からなら、人生に入ってくるすべての人を祝福し、受けいれられます。その内なる平和の場所からなら、あなたは男と女のあいだに平和を打ちたてられるでしょう。これがわたしの教えです。あらゆる時代を通じて、つねに変わりなくそうだったのです。

別の次元

あなたの経験している次元だけが、次元なのではありません。ほかにも多くの教室があり、それぞれに独得なカリキュラムが組まれています。

あなたがたの教室の中心課題とは、対等性ということです。すべての存在はどのような状況におかれていようと対等だ、ということを学ぶために、あなたはここに来ています。男、女、黒人、白人、ヒンズー教徒、カソリック教徒、みな存在の価値においては対等です。上下関係というものはあなたがたが作ったものですから、廃止すべきです。あなたがたの多くはこのカリキュラムをずいぶん昔から学んでいます。どのくらい長くかは言いますまい。あなたがたはいろいろ独創的なやりかたを考えだしては、他人とのほんとうのスピリチュアルな対等性をこわしてきました。ある人々は貧困な環境にあり、ある人々は多くの財産を所有します。また食べ物に事欠かない人がいると思えば、かつかつの人もいます。どうか理解してください。あなたがたがもうすでにここでのカリキュラムをマスターしていれば、こうした不平等な環境は存在していないでしょう。

ですから、あなたがたがここに来たのは、ある人々は他の人々よりも価値がある、というような根深い信念をくつがえすためです。そのためには、どうすればよいでしょうか。

まず、対等という真実を、自分自身に対して認めなさい。他の人よりも優れている、劣っている、と感じるなら、まだ自分のスピリチュアルな実相という真実を受けいれていないのです。

第二に、まわりの人も対等であることを受けいれなさい。つまり、もしあなたがその人たちよりあるものをたくさん持っていれば、それを喜んで分かちなさい。そして反対に足りなければ、どうか助けてくださいと頼みなさい。

あなたがたがここにいるのはまた、万人の自己決定権を尊重するということを学ぶためでもあります。他人のものごとを自分が決めたり、自分のものごとを他人に決めさせたりするなら、あなたがたはおたがいの対等性を受けいれていません。

この干渉しあいのせいで、あなたは自分がこうしよう、あるいはこうすまいという決定の責任を、兄弟に負わせるという許可証を手に入れています。でもそれは偽《いつわ》りの許可証です。そのうち、自分が傷つけたり助けたりできるのはたったひとりだけであり、それは自分自身だということがわかってきます。自分のする決定に自分で責任をとり、兄弟にも同じようにさせるときに初めて、あなたは自分自身の真の姿、兄弟の真の姿を認められるのです。

これはとても単純に聞こえるかもしれません。しかし、対等性の実践は、たいへんに奥の深いものです。あなたの世界は変わり、あなたはすべての兄弟姉妹とともに卒業することができます。

肉体を離れてからのあなたは、非物質的な教室で学びを継続することになるでしょう。そこでは学びも加速されます。なぜならそこには、思考がものを創造する効果を妨げるような時間も空間もないからです。

あなたがたの世界では、思考が目に見える効果をあらわすには時間がかかります。非物質的な次元では、この転換プロセスは自動的に起きます。たとえば、もしあなたが「友だちのボブのところへ行ってみようかな」と思うと、そのとたんにボブの居間にいます。移動にはまったく時間がかからず、空間を通りもしません。

あなたがたの中には、非物質次元の存在との交流を経験した人もあるでしょう。そうした交流は、純粋に思考を通じて起こります。次元間の交流はむずかしいものですが、不可能ではありません。練習を積めば、この制限された時空の外に手をのばす力も増してゆくはずです。

非物質的な教室では学びが加速されますから、肉体を離れた多くの存在は、そこで思考をコントロールする力を身につけます。それで、また物質的環境に入っていってもこの力を使えるだろうと自信をもちます。しかし、この物質性の濃い環境でその力を発揮できるのは、何百万人のうちのほんのひとにぎりです。

次のように言えばわかりやすいでしょう。自然科学が明らかにするところでは、地球の磁場の重力を離れたとき、体重がゼロになり、地上ではとうていできないアクロバットができるようになります。また、地球の濃い大気圏を離れれば、老化の速度が落ちるのです。物理法則の多くはこの地上に限定されたものですから、地上を離れれば法則の内容も変化します。

肉体を離れた場合にも、同じ現象が起きます。あなたがたは地上ではおそらく夢の中でしか味わえなかったような、創造的な自由を経験します。夢の中では、注意が内側に向かい、肉体のプロセスがすべてゆっくりになりますね。肉体を抜け出したときに起こる意識の拡大は、たとえてみればこの夢の状態に近いでしょう。

夢の中では、あなたは大胆不敵な現実を創造します。人殺しをしたり、殺されたり、あらゆる人たちと愛の行為をしたり、信じられないような危険の中をくぐりぬけて奇跡的に脱出したりします。夢の中でやったことを、目覚めた状態でやりたいと思う人はほとんどいません。しかし非物質的な経験は、夢の状態よりもさらにドラマティックなのです。創造の可能性は無限大になります。

ですから地上の学校は、地上に接続している非物質的な教室で学んだ技術をためす環境となります。カリキュラムをマスターするまでは卒業できません。すべての人がこのことを知っているので、レッスンを学び終えたことを証明するために、また地上に転生したいと熱望しています。

なぜ、それなのに困難が多いのでしょうか。まず重力という比喩的な状況を見てみましょう。無重力の場所では、五メートルくらい飛び上がるのもかんたんです。空を飛ぶこともできます。

しかし地球にもどればジャンプもせいぜい二メートルちょっとです。空を飛ぶなどという夢は、抱きたくても抱けません。

物質的経験が起こるこの濃密な環境を支配するのは、むずかしいのです。物理的な成長にも時間がかかります。母親の子宮にいるときは、完全に母親まかせです。生まれてからも肉体的には無力です。食べること、歩くこと、しゃべることを覚え、環境をあれこれ操作することを学びます。そのことを直視してください。ついさきほどまで、思考がすぐに実体化するような非物質的な環境を経験していたものにとって、それはまさに拷問でしょう。しかし、そのうち意識が縮小してこの肉体になじむようになり、創造の可能性に満ち満ちた他次元の感触など締め出してしまいます。

かんたんに言えば、意識は、物質的環境のもつ濃い密度に吸収されてしまいます。そこで罠《わな》にかかり、犠牲者になったような気がします。制限のゆるかった状態を思い出すこともありません。自分が肉体でなかったことも思い出しません。

ごくまれに、物質という教室に入ったときにも意識が完全に縮小しない例もあります。そういう人々は肉体に住んでいますが、非物質次元の記憶を保持しています。自分が肉体のみの存在ではないと知っています。自分が、他人の思考や行動の犠牲者ではないと知っています。自分の思考の力で現実を創造できることを知っています。

こうした人々がスピリチュアルな教師となるのです。わたしも、兄弟姉妹に自分の非物質的な本性を思い出させるために物質レベルに転生した、多くの教師のひとりなのです。こうした教師がいなければ、地上次元の密度の濃さは、集合意識に影を投げかけ、ほとんどのスピリチュアルな知識とのきずなを断ち切ってしまうでしょう。人類の歴史においては、地球がまさにそうした闇の中に落ち込んだことが何度かあります。あなたがたはみずからその時代を「暗黒時代」と呼びました。あなたがたの経験に時間的に近い暗黒時代の例は、二十世紀の最初の三分の二の期間です。

あなたがたが物質的な教室にいるこの時代は、移行の時代です。テクノロジーの発達により、物質的環境を何度も破壊できるような力を手に入れました。しかし、現代は、人類史上もっとも多くの光がこの惑星上にある時代でもあります。

さてそうすると、わたしがなぜ肉体をもって転生してこないのか、ふしぎに思われるかもしれません。わたしがふたたび肉体をもって再臨すると信じている人は多いのですが、そうはならないでしょう。わたしのここでの仕事はほぼ終わりました。わたしが肉体をもって、あなたがたとともにいれば、まさに起きようとしているあなたがたの変容を遅らせることにしかなりません。

いまではほとんどの人が、この変容の性質を知っているはずです。あなたがたは犠牲者の人生をようやっと克服するために、ここに来たのです。自分の現実《リアリティ》を自分で決定する創造的な力を受けいれ、また、兄弟をみずからの創造的な力に目覚めさせるために、あなたがたはここに来ました。集団として、それをなしとげる用意は整いました。わたしもあなたがたに力を貸します。あなたがたはわたしやほかの教師との非物質的な交流を通して、自分の苦しみを増大させるような状況を手放し、本来の〝聖性〟に目覚めてゆくでしょう。

地上でのわたしの使命を達成するには、あなたがたひとりひとりの力が必要です。あなたがたを通して、わたしの教えは瞬間瞬間に行動で実現されてゆくでしょう。人々をたがいに分断するような言葉というものには、もう重きをおくことはできません。愛と宥《ゆる》しの原理を行動にうつすことにこそ、重点は移ってゆくべきです。

個人的にも、そして集団としても、非物質的現実に波長を合わせることが、惑星の変容のプロセスの欠かせない第一歩です。わたしがここに肉体をもって存在すれば、磔刑《たっけい》という経験がくりかえされます。まわりを見渡せば、〝世間の常識〟に挑戦する人が汚名を着せられ、迫害され、処刑されるという例はいまでもよく見受けられます。そういうことを起こさない唯一の道は、あなたがた自身が目を覚ますことです。

あなたのもっとも神聖視する信念に敵対したからといって、その兄弟を死刑にしようとは思わないでください。彼を非難することは、わたしを非難することです。また兄弟を完全無欠と思いこんで、まつりあげるようなこともしないでください。完全無欠な人はいません。生きているかぎり、人は過《あやま》ちをおかします。

兄弟よ、わたしも多くの過ちをおかしたのです。わたしは兄弟を見捨て、わが神を見捨て、それなのに、あなたたちはわたしを見捨てたといって兄弟と神とを非難しました。わたしを特別視しないことです。兄弟のだれかを特別なものにしないでください。あなたがたはみな同じレッスンを学んでいるのですから。

兄弟姉妹とあなたの対等性を、祝福することを学んでください。そのことによって、あなたはわたしとも対等になるのです。わたしを対等なものとみなしたとき、わたしとあなたの交流はみちがえるように進むことでしょう。

あなたが兄弟姉妹をハートに迎えいれるとき、あなたはわたしに対しても扉を開いたことになります。わたしが愛しく思わないような兄弟姉妹はいないからです。わたしは相手を害した人と、害された人、両方の魂をのぞきこみます。どちらも愛されたい、受けいれられたいと声をあげているので、わたしは拒否することができません。わたしの手であり、足であり、この世界における声であるあなたがたに同じようにすることを頼んでも、ふしぎはないでしょう。

忍耐をもち、そしてしっかりと立ってください、兄弟姉妹よ。わたしたちの仕事は、迫害者と犠牲者がいなくなるまでは終わりません。わたしたちが神の愛を受けいれ、その愛を出会うすべての人に分かつまでは、わたしたちの旅は終わりません。例外はありません。万人が、あるがままに受けいれられるべきです。そうすれば、その人は恐怖心や、他人への復讐心を手放すことができるでしょう。

わたしとともに歩むことは、神と人の双方に仕えることです。人に仕えるというのは、神がその人を覚えて心にかけておられる、ということを思い出させてあげることによってです。食べ物や飲み物、それに苦しんでいるときには慰めを与えてあげなさい。相手を抱擁し、あなたの肩に頭をのせさせてあげなさい。そして泣いていいのだと言いなさい。相手は両親にも、子どもにも、恋人にも、神にも見捨てられたと感じています。泣いているあいだに、慰めてあげなさい。なぜなら、あなたもついこのあいだまで見捨てられたと感じ、はらわたのよじれるような思いで、悲しみと後悔の涙を流していたではありませんか。

これが人間の経験というものなのです。兄弟に思いやりをもたねばなりません。あなたも同じような苦しみを経験し、また解放を経験したのですから。

対等というレッスンが地上に行きわたったとき、この惑星の磁場は変化し、大地は新しい、もっと輝かしいカリキュラムを生み出します。この変容の種子はもうすでにまかれています。あなたの仕事は、それに水をやり、育みそだてることです。

同意という暴君

エゴの考える愛というものは、同意の上に成り立っています。ふたりの意見が合わないときにも愛がある、とはなかなか考えられません。しかし、どんな状況においても、兄弟の意見に同意するも反対するも自由なのでなければ、その人をほんとうに愛することはできません。たとえば、兄弟があなたにむかって、自分はある人間の行為のために苦しめられていると言い張るとき、あなたはそれに同意しますか。もちろん、しないでください。たとえ相手が強く同意と援助を求めたとしても、こう言いなさい。「すまないな。ぼくには事態はそんなふうに見えないんだ」

また、たとえば姉妹がなにか難しい立場にたたされることになって、あなたに助けを求めたとき、あなたは拒みますか。彼女の味方をすると、自分も危険を背負い込むことになるかもしれません。でもその決断が不利なものだからといって、相手に祝福を贈らないということはしないでください。

本気で真実を行おうとすれば、世間にはよく思われないと、わたしは前にも言ったではありませんか。それは、他人が「ノー」というときに「イエス」と言い、「イエス」と言うときに

「ノー」と言うのを意味することが多いのですから。

多くの人は、「ノー」と言うことが愛の行為だとは想像もできません。でも、愛をこめて「ノー」を言うことは、実はやさしいのです。あなたの子どもが熱いストーブにさわろうとしたとき、あなたはすぐに断固として「ノー」と言います。やけどをしてほしくないからです。それから子どもを抱きしめて、愛しているよとあらためて確認させます。

兄弟が手をストーブにかけそうになって、あなたのところへ来たことが何度あるでしょうか。その人がけがをするとわかっている行為を、後押しすることはできない相談です。それに、あなたが同じことをしそうになったとき、友人に後押ししてもらいたくはないでしょう。

友人とは、同意も反対も自由に述べてくれる相手です。あなたに真実を語ろうとする人です。状況を正しく判断しているかどうかはともかく、自分の意見をはばからずに述べるのです。友人は真実を語り、それから、でも決めるのはきみだよ、と言います。

それが愛の行為です。友人はイエスと言うときもノーと言うときも、かわらずにあなたを愛しています。忠告は惜しみませんが、その意見をあなたに押しつけようとはしません。友人とは助けになろうとするものです。あなたの尊厳を認め、敬意をもって、真実を語ります。

あなたが真実を語りたくないのなら、その人の友人にはなれません。あなたが正しいかもしれません。でも正しいということと、正直であるということは必ずしも同じではありません。

あなたが正直であれば、できるかぎり意識的になって、あなたのベストだと思うものをあげることができます。それがあなたにできる最高のことです。忠告が正しいかまちがっているかは、重要ではありません。

しかし正直さだけでは不十分です。正直さには謙遜が伴っていなければなりません。謙遜の思いでこう言いなさい。「ぼくにはこう見えるんだがね。正しいかもしれないし、まちがってるかもしれない。きみはどう思う？　なんといっても選択をするのはきみなんだからね」

謙遜な人は、適切な境界線をわきまえています。他人の権利に踏みこんで、その人みずからの選択の責任をとりあげたりしません。

あなたがたはいつも同意を求めているので、めったに無条件の愛を経験できないのです。同意とはまさに条件づけの最たるものといえますから、行きつくところはべたべたの共依存か、さもなければ衝突です。「あなたのエゴとわたしのエゴが同意するなら、あなたの味方になりましょう」というわけです。

ふたつのエゴが同意をしたときには、よく気をつけてください。エゴは、ほかのエゴとの分離、抗争をその本性とします。ですからふたつのエゴが同意したら、それはふたりで組んで、別のエゴに敵対するということなのです。これはほんとうの同意ではなく、一時的な同盟です。共通の敵を倒してしまえば、同盟は目標を失い、それぞれのエゴは自分の世界に帰ってゆきます。

同意の中に愛を求めるのは、あまり賢いやりかたではありません。あなたは必ず失望を味わいます。同意しないことの中に愛を探すほうがずっとよいでしょう。

「あなたの敵を愛しなさい」とわたしが言ったのを思い出してください。それはなにも、人を煙にまこうとして、わざと奇をてらった言葉ではありません。重要な根拠がいくつかあって言ったのです。まず、あなたがたにとって、友人を愛するのはやさしいことです。友人はたいていあなたに同意してくれ、味方になります。ですから、その人を愛するのはかんたんです。

しかし、敵はあなたに同意しません。あなたのほうがまちがっていると思っています。あなたの弱点を見抜き、それを利用しようと全力をあげます。あなたに盲点があれば、敵は必ずそれを見抜いています。かんたんに言えば敵はあなたに、もしかしたらそうかも、というような親切な猶予を与えてくれません。ですからあなたにとって一番よい教師なのです。

敵は、あなたが嫌っている自分の部分をすべて鏡に映してみせてくれます。あなたが何を恐れ、何を不安に思っているかを正確に見せつけます。敵の言葉に耳を傾ければ、自分のどこを修正すべきか、ずばりわかるでしょう。あなたに反対するものだけが、そういう効果的な教師になれるのです。

わたしはなぜ、あなたの敵を「愛しなさい」と言ったのでしょうか。それはもし愛さなければ、相手のもたらす贈り物の価値がわからないからです。

人生には友人もいれば、必ず敵もいます。よい友人とは、進んであなたに異議を唱えてくれる人です。そしてよい敵とは、最高の友人です。

敵を愛することを学ぶのは、自分の心《マインド》の中のすべての暗黒の場所をのぞきこむ意志があることのあらわれです。あなたの敵はあなたがのぞきこむ鏡にすぎず、そこに映る怒りの顔は、そのうちあなたにほほえみを返すようになるでしょう。

敵と和解するには、自分の目と同時に、相手の目を通してながめることを学びなさい。そうすれば共感を生み出し、争いの向こう側に抜け出ることができます。

忘れないでください。敵と和解するというのは、相手の言葉に同意することではありません。その必要はありません。ただ相手を愛することを学んでください。

平和は、エゴどうしの同意からはやってきません。エゴには本来、同意することができません。平和は、愛と相互の敬意のあるところにやってきます。愛があるとき、敵はあなたに反対することを恐れない友人と同じようなものになります。あなたと見方がちがうからといって、その人をハートから追い出してはなりません。相手の言い分によく耳を傾けなさい。

友人に耳を傾けるのと同じように敵にも耳を傾けるとき、それをしているのはエゴではありません。あなたの内なるスピリットが、敵の内なるスピリットに耳を傾けているのです。

あらゆる人間どうしの争いの原因は、単純です。どちらの側も、相手を人間扱いしていないのです。どちらも相手を劣ったものとみています。おたがいどうしがそんなふうに相手を見ているかぎり、どんなささいな点でも妥協は成り立ちません。しかし敬意と受容の態度で相手に接すれば、同意が困難に見えるようなむずかしい局面すら解決します。

奇蹟は愛からやってきます。愛する心から出てくる解決には、制限がありません。愛への意志——おたがいを対等なものとみなす気持ち——こそ、あらゆる奇蹟のうしろに隠された真髄です。ものの見方は多様ですが、その中から、だれもが尊重できるようなひとつの見方が出てきます。しかしこの見方は、すべての人の声に耳が傾けられるようにならなければ出てきません。友よ、あなたがたの仕事とは、それぞれの人の声に公平に耳を傾けることです。これこそ民主主義の基本であり、それは単なるスピリチュアルな理想ではなく、生きて、動いて、呼吸しているプロセスです。

このプロセスが停滞すると、理想も崩壊します。しかしプロセスがしっかりしていれば——それはしばしばぎこちなくて能率が悪く見えるでしょうが——理想は必ず実現します。

さまざまなものの見方を許容するような社会は、愛と対等性の実現の上に築かれます。同意ばかりを求めるものは、全体主義のシステムを作り、そこでは個人の自由は犠牲にされ、全体は個人の知恵にけっして耳を傾けません。こうしたシステムの崩壊は最初から目に見えています。

同意しないことには勇気がいります。あらゆるものの見方が認められるような、万人が対等な環境を維持していくには、知恵と先見力がいります。真実への道は、昔から決してやさしいものではありませんでした。それは功利主義にのっとった道とは、まったくちがいます。

争いの功利主義的解決とは、同意できない相手を皆殺しにするということです。そこでの目標は愛ではなく、理解ですらなく、ただ敵を滅ぼすことだけです。これがあなたの惑星の歴史を通じて、ずっと優勢であった価値体系なのです。

民主主義的アプローチとは、新たな実験をあえて行うということです。「全部の声を聞いてみよう」ということです。多様性を歓迎し、個々人の基本的価値に信頼をおくものです。愛することと、敬意をはらうこと、そして敵から学ぶことを求めます。民主主義的アプローチは、人間のハートと心は、これほど多くの見方をもちうるほどに深く広いのだということを前提にしています。そしてそれが成功するかどうかは、別の観点を考慮でき、適切なときに心をひるがえせるかどうかという能力にかかっています。

全体主義者や原理主義者の考えは、恐怖心とのたわむれです。かれらはつねに敵を創造し、それに打ち勝とうとします。いっぽうの側が善で、別の側は悪だと信じています。

それはあまりに単純化された二極的な世界観です。しかし共感の道、わたしの教えた道は、あえてあらゆる存在を対等なものとして愛し、受けいれなさいというものです。例外はありません。だれかを非難することは、万人を非難することだとわかっているからです。それはやさしい道ではありません。みんな対等なのだと心に刻んでも刻んでも、たえずそれにゆさぶりをかけるようなことが起きるでしょう。そしてもし真実を身をもって行いたかったら、そのゆさぶりに対して、対等性ということに全身をかけてかかわってください。

多くの人が、わたしの名前だけをいたずらに引用します。敵を責め、批判するような考えをわたしの名で唱え、あらゆる悪事を正当化するために使います。ですから、わたしははっきりさせておかなければなりません。わたしの名前をいたずらに使ってはなりません。だれかを批判し裁くために、わたしの名前を使ってはなりません。わたしはだれかに与《くみ》し、だれかに敵対したことはありません。だれにもそうせよと求めたことはありません。

わたしは、あなたがたが心の中に平和を打ちたてるよう、求めたのです。そしてあらゆる兄弟姉妹と和解するよう、求めたのです。この単純な教えがどうして、こうもゆがめられてしまったのでしょうか。

もし、ほんとうにハートの中でわたしの声を聞いてくれたとしたら、これらの考えが、どんな人間をも裁いたり攻撃したりする理由にはならない、とわかります。人を批判し、裁きたいときには、自分の内側をのぞきこんで「わたしは自分をこんなふうに裁きたいのだろうか」とたずねてください。兄弟に対するいかなる批判も、自分自身に対する批判なのです。そして自分自身に対するいかなる批判も、わたしへの批判なのです。

なぜなら、わたしはあなたがたと分離してはいないからです。自分自身や兄弟をどう遇するかは、わたしをどう遇するかです。わたしたちは同じひとつのものです。わたしたちの運命は、ひとつに結ばれています。

友よ、理解してください。同意を求めるかぎり、愛は見つかりません。愛はそれよりはるかに深いところの水流です。あなたに反対する人を愛することができるようになれば、あなたは批判や恐怖心を超えた〝源〟を見つけることになります。その〝源〟では、わたしたちはみな対等なものとして一つであり、たがいに教え導いたりしながらも、そこでの考えや行動は自由なのです。あなたの選択の自由を、わたしはサポートします。たとえあなたが、わたしが選ぶであろうよりもむずかしい選択肢のほうを選ぶときもです。なぜなら、兄弟姉妹よ、あなたを信じているからです。わたしは、あなたの目覚めについての神の計画を信頼しています。そして、あなたがどんな過ちをおかしたとしても、神の愛やわたしの愛から切り離されることは、けっしてないことを知っているのです。

犯罪と処罰

もしも、思考に殺す力があるとしたら、あなたがたのうちの何人がいま生き残っているでしょうか。もう一度言います。あらゆる行為の種は、あなたがたの思考の中にあるのです。「あなたの考えはがまんならない」と思うと、すでに相手を攻撃しています。

思考として始まるものは、すぐに口をついて言葉となります。みんなの前でだれかをおとしめたり、かげぐちをたたいたりしたら、その人を攻撃していることになります。

言葉となったものは、すぐに行為となります。言葉によって、あなたの意見に賛同する人々が出てきたら、相手をたたいたり、殺したりしてもよいのだという気持ちになります。

社会はこう言います。「物理的な行為だけが非難されるべきだ。言葉での攻撃は不幸なことだが、避けられない。それに、人がある考えを抱いただけで、その責任をとるべきだと考えるのは愚かなことだ」

そしてあなたがたは殺人事件には憤激しますが、殺人という考えは受けいれられるわけです。あなたがたはみな、そういう考えを抱いたことがあります。レイプや性的虐待の行為には憤激しますが、そういうことを頭に描いただけではそれほど動揺しないでしょう。

自分の抱く考えすべて、そして他人に言ったり、したりしたことのすべては、自分が自分をどう思っているかの反映だということを忘れないでください。だれかにネガティブな考えを抱くということは、同時に自分自身をどう思っているかを示しています。だれかについてたたくかげぐち、言葉での侮辱は、自分自身に恥ずべきところがあり、拒絶されていると感じていることを示しています。そしてだれかに実際に暴力をふるうということは、自分自身の自殺衝動のあらわれなのです。

これは神秘的なことでもなんでもありません。傷ついている人だけが、他人になぐりかかります。そして、わたしはたずねたいのですが、あなたがたのうちの何人が傷ついていないと言えるでしょうか。あなたがたのうちの何人が、ごく小さな形であれ、他人になぐりかかろうとしていないでしょうか。

レイプ犯、殺人犯とあなたとの違いは、あなたが思っているほど大きくはありません。わたしがこれを言うのは、あなたを落ちこませるためではありません。兄弟に対する責任に目覚めてもらいたいと思って言うのです。

復讐《ふくしゅう》の考えを抱いた自分を宥《ゆる》すことができれば、復讐の行為をおこなう人を宥《ゆる》すことができないわけがありません。その人はあなたがすでに考えていたことを、行為に移したにすぎません。

わたしは、復讐の行為を正当化するつもりはありません。攻撃も正当化しませんし、あなたにも正当化してほしくありません。ただ、なぜその兄弟をあなたのハートから追い出してしまうのか、とたずねたいのです。その人は、おそらくあなたよりも愛と宥《ゆる》しに飢えていたのでしょう。それをけっして与えまいとするのですか。

その人は人生で深い傷を負っていたのです。父親がいなかったかもしれません。九歳から麻薬中毒だったかもしれません。そして四六時中危険を感じるような組織の中で生きてきたのです。あなたは、罪を犯した男の中にいる、この傷ついた少年に少しでも同情を感じませんか。

あなたが彼の立場だったとしたら、もっとましな生き方ができたのでしょうか。正直になってください、友よ。正直になれば、あわれみを覚えるでしょう。その犯罪者にではなくとも、その前身の少年に。

わたしはいま、はっきりと言います。ひきがねを引いてしまったのは、その男ではなく、少年です。それはすっかり押しつぶされてしまった、聖なる存在です。愛され、受けいれられていると感じられなかった少年です。攻撃に出たのは、その男ではなく、その傷ついた少年なのです。

友よ、大人などというものはいません。少年だけです。その男の怒りに満ちたいやらしい顔に、あなたの視界をくもらされないでください。そのこわばった外見の下には、圧倒的な苦痛と自己批判があります。生き方を誤った大人の、いまわしい怒りの仮面の下には、自分が愛されるべきだとは信じられない少年がいます。

その少年を抱きしめられないなら、自分の中の少年あるいは少女をどうして抱きしめることができましょう。その子の恐れとあなたの恐れは、さほど違ったものではありません。

まず、自分が倫理的で立派な人間だという仮面をはずしてください。それから自分の中の少年少女に、その男の中の少年をながめさせます。そこから愛と受容が始まります。宥《ゆる》しはそこに根を張っていきます。

犯罪者はあながたがたの社会の中の、みんなが見ないふりをしているグループのひとつにすぎません。あなたがたは、その生活を見ようとしません。彼らの苦しみについては聞きたくもありません。自分の目の届かないところに押しやってしまいたいと思います。老人についても、精神病者についても、ホームレスについても、同じように感じます。

友よ、あなたは兄弟を愛するという責任をとりたくありません。でも彼を愛さなくては、自分自身を愛し、受けいれることはできません。あなたの兄弟はあなたの救いの鍵です。そういう兄弟はいままでもいましたし、これからもずっといるでしょう。

個人が自分の受けいれたくないネガティブな傾向を否定し、抑圧するように、社会もまた直面したくない問題を否定し、制度化してしまいます。個人の無意識も、集合的無意識も、口に出せない傷をいっぱいかかえています。その傷口に埋めこまれている、自分で意識しない苦痛、罪悪感、恐怖心が、個人をも社会をもそういう行動に駆り立てています。

宥《ゆる》しは、自分と社会の中にある、こうした暗黒の秘密の場所にサーチライトをあてていきます。宥《ゆる》しはあなた自身の罪悪感と恐怖心にむかって、「出てきて、姿を見せなさい。あなたを理解したいから」と言います。そして犯罪者にむかっては「出てきて、あなたの罪の犠牲者たちに会い、償《つぐな》いをし、癒《いや》しのプロセスを始めなさい」と言います。

傷を認めることは、いつでも癒しのプロセスの第一歩です。個人としても、社会という集合体としても、傷の背後にひそむ恐怖心に進んで直面するつもりがなければ、癒しのプロセスは始まりません。

自分自身が押し殺している苦痛を見るのは、むずかしいことでしょう。社会にとっても、自分が排除したものたちの苦痛を見るのはむずかしいことなのです。しかし、それは必要なことです。どんな人でも、傷が意識化されるまでは、無意識的反応という牢獄の中に住んでいます。鉄格子の向こうにいるのは、犯罪者だけではありません。犯罪者をそこに追いやる人はだれでも、ちがった鉄格子の中に住んでいます。無意識の素材を、意識の光の中に持ちこまなければ、それはおのずとゆがんだ形で自分を表現しようとします。あなたがたが進んで犯罪者にはたらきかけて、自分自身を愛し、受けいれるようにさせなければ、その人は同じ怒りや復讐心をもって、また社会に出ていきます。

刑務所の数を増やしたり、路上の警官を増やしたりしても、あなたの身のまわりが安全になるわけではありません。こうした行為は恐怖心のレベルをあげ、状況をさらに悪化させます。状況を改善したいのであれば、刑務所やご近所に宥《ゆる》しのわざを持ちこむことです。教師やカウンセラー、ソーシャル・ワーカーの数を増やします。人々に食べ物を与え、感情的にも知的にも刺激を与えてください。安全な感情的結びつきの経験をさせてください。教育と訓練の機会を与えてください。希望を与えなさい。受容を与えなさい。愛を与えなさい。

これが平和を作り出すもののわざです。これが奉仕です。自分自身を抱きしめるのと同様に、兄弟を抱きしめることです。

どうか忘れないでください。人に与えているとき、あなたがたは自分自身にも与えています。愛を与えるときには、必ず愛を受けとっています。贈り物を与えるときには、同時に受けとっています。

そろそろ自分自身のなかの罪人を、そして社会の中の犯罪者を罰するのをやめるときです。罰は拒絶感を強めるだけです。それは必要なことのまったく反対です。拒絶感をやわらげ、軽くするべきです。批判と攻撃を、意識の光の中にもちだしてください。罪悪感と恐怖心を、あるがままに見るべきです。

この再生の行為は、統合の行為です。暗黒は光の中にさらされるべきです。受けいれられないもののすべてを受けいれれば、それを恐怖心なしに見ることができます。行為の種子は考えの中にありますから、そこに働きかけるべきです。考えを変えずに、行為を変えることはできません。あなたがある種の考えをタブーにしていれば、それを見るのを恐れます。それは建設的ではありません。どうか自分の精神の中にある殺人の考えをよく見てください。そうすれば、無意識の中に埋めてしまう必要はありません。

まわりの人々が自分の思考に、そしてその思考の結果に責任をとれるよう、手を貸してください。内なる力と正しい自己尊重は、自分は何を考え、何を言い、どう行動すべきか、自由に選択できるのだと悟るところから始まります。

他人に打ちかかろうとする人は、自分には選択がないと感じています。選択があると知っている人は、他人に打ちかかりません。

これが鍵です。自分に選択の余地があるのだと教えれば、その人は犯罪をおかさないでしょう。犯罪は自己処罰のひとつの形式であり、無意識の罪悪感につきうごかされて無意識に選択されたものです。犯罪者は、自分を罰そうとしているので罪を犯すのです。社会は彼を罰し、罪悪感を強めることで、その自己処罰をかなえてやります。

社会がこの悪循環から抜け出る唯一の道は、弾劾や処罰の儀式を捨て、癒しに向かうことです。苦しんでいる人すべてに、自分で自分を助けるよう手助けをします。そういう人が、自分の無価値感や罪悪感を意識にのぼらせ、認められるようにしてあげなさい。そしてそうしたネガティブな感情や、自分についてのネガティブな思いこみを、ポジティブなものに変えられるように手を貸します。

あなたがたの社会のハンセン病患者の状況は、わたしの時代のそれとほとんど変わっていません。その人たちは万人の傷を、みずからの皮膚にあらわしています。あなたがたが向きあおうとしない苦痛の、大胆な証人なのです。社会はかれらが道を示してくれていることに対して、感謝すべきです。かれらは全人類が行かねばならぬ癒しの道を指ししめしています。

力とその制御

地球の自然法則に協力することは、生きていくためには不可欠です。しかしそのほかにも、この地上でのあなたの経験を形づくる、非物質的な心《マインド》の法則といったものがあります。

たとえば心の思考活動は、外界に目をやって、この世界のものごとにかかわりあうと促進されます。心が内側に向かい、自分を見ようとするとき、思考はスローダウンし、最後にはゆったり安らぎます。観察者と観察されるものはひとつになります。

自己観察の練習は強力です。それは自己と他者のあいだの障壁を打ち倒し、親密さのあらたな可能性をつくりだします。過去と未来が現在に場所をゆずり、永遠の「いま」にこそ、すべての創造的可能性が宿ります。

力《パワー》は可能性（潜勢力）として存在するものです。それが外に向かってあらわれるとすぐに、武力《フォース》としてまわりの抵抗を克服しようとします。それゆえ弱まってしまうのです。力は、信頼のうちに保たれ、外に表現されないでいるときに、もっとも強いものです。

行動するとき、あなたは一定の行動の道すじをとります。そのコースを変えることはむずかしくなります。特に、過去にある程度の実績があったりすると、変えられません。

ですから、行動する前にはまず頭の中で、こうしようという行動を状況に投げいれてみて、それにかかわる人々からのフィードバックを受けとってください。こうなればよいという期待を手放し、注意深く耳を澄ませるのです。そうすればエゴにもとづいた知覚以上のものを見ることができ、役に立つ重要な情報を得られます。

概念に縛られている心は、こうすればこうなる、という直線的な結果をいちいちの行動について期待します。しかし、直線的な結果が出ることはまれです。力は抵抗に出あうとすぐ、道すじを変えます。上昇し、下降し、障害物の迂回につとめます。そしてしばしば、もとの軌道からそれてしまいます。

しかしそれなのに、あなたがたは、こうすればこうなるという直線的結果を見こんだ計画しか立てません。だからこそ、しょっちゅう落胆失望するのです。

ほとんどの決断というものは誤ってなされるものですから、たいてい堂々めぐりになります。罪悪感によって、堂々めぐりになるのです。罪悪感は、すべての決断をたえまない疑いと解釈のし直しにさらすような磁場です。罪悪感はすべての行動をゼロにもどしてしまい、また同じような状況で、何度も何度も同じ選択をさせます。

罪悪感のない行動は、あなたが頭の中で自分を特定の状況に投げいれて、どうなるかを見守るときにのみ、起こすことができます。抵抗や障害物をも視野に入れた計画は、そうでないものよりもうまくいきます。

これは知的な作業プロセスのように聞こえるかもしれませんが、まったく違います。これはきわめて直感的なプロセスで、耳を澄ませるという真の技術を必要とします。導きを求めたのちに、行動を起こすのです。

思慮の浅い行動は、めったに効を奏しません。どちらかの極に偏れば失敗します。極端に反射的・本能的であるのもよくないし、慎重すぎて、その場での自由な発想が失われるのも困りものです。

友人のジェームズに何かを言うときはどんな気分になりますか、と、あなたにたずねたとします。ふたつの違った答えかたができます。まずジェームズのことを考え、過去の彼とのかかわりを思い返して、過去にもとづいて返答するやりかた。それからもうひとつは、腰をおろし、目を閉じて、ジェームズのことを考え、自分が彼に何か言うところを想像し、彼がどう反応するかを見ます。あとのやりかたのほうが、ずっとよい結果をもたらすでしょう。

あなたが人生で必要としている情報はすべて、かんたんな質問メソッドでいま現在、この瞬間に手に入れることができます。もちろんこのメソッドは、あなたが情報を中立的立場から求めるとき以外はうまくいきません。あなたの好き嫌いのバイアスがかかると、受けとる答えもゆがめられます。それを避けるためには、問いを向ける前に、真剣にこう宣言します。「わたしは自分の好みや偏見をわきにのけておいて、自由で真実な答えに心を開こう」

思考と行動は円環をなしていますから、いつでもあなたに教訓をもたらしてくれます。その教訓とは、あなたが求めるものや起きてほしいことがらと、人生に実際に起きているかに見えることとのあいだの落差を探究させるようなものです。このジレンマから逃れようとしても、うまくいきません。ジレンマそのものが、学びに必要だからです。

ですから、外界の人や事物に注意を向けることはぜったいに必要です。ここは「条件つき」の世界です。世界は、あなたの望んでいるものをさしだしてはくれません。世界はあなたが何を望んでいないかを、映し返してみせてくれます。

この世界に幸福を求めるのは、なまやさしい仕事ではありません。世界はあなたを幸福にすることはできません。それに気づくのが早ければ早いほど、あなたの苦労も軽くなります。

自分の経験を正直によく見てみれば、自分の時間のほとんどを、ある状況を避けるか〝抵抗する〟ために使っているのがわかります。それを避けようとすればするほど、そういう状況が数多く起きてくるのは当然です。逃避と否定からは何も学べないからです。

目の前にある今の状況に立ちむかい、責任をとろうとするとき、初めてその状況に意味をもってかかわることができます。恐怖心に直面し、対決することが、結ぼれをほどくプロセスの第一歩です。

あなたは自分がこの世界にいるのは、有意義でかっこうのよいことをあれこれ達成するためだと思っているでしょうが、それはあなたのエゴが人々に認められようとして叫んでいるにすぎません。あなたがここにいるのは、何かをなしとげるためではなく、自分や他人について抱いているまちがった観念や信念をゼロにもどすためです。だれも、あなたの代わりにそれができる人はいません。あなたがそれらの観念を受けいれたのですから、こんどはあなたが拒否する番です。偽《いつわ》りを拒否することは、別段かっこうのよい仕事ではありません。実際それは地に足のついた、とても地道なプロセスです。

どうか、ちょっと時間をとって、あなたの立てた目標の数々をながめてみてください。世間的に何かをなしとげることにかかわる目標が、いくつあるでしょうか。ほとんどがそうかもしれません。しかし、それを恥じることはありません。あなたの注意が、ひたすら外界に向かっているということに気づいてください。そして気づいてほしいのです。かりに、それらの目標がぜんぶ達成されたとしても、あなたは幸福にはならないだろうということに。

幸福はいま現在の瞬間にしかありません。いまあなたが幸福であれば、それ以上に、なにか達成すべきことはありません。もしあなたが明日幸福になれるかとか、五分後に幸福でいられるかとかに心をわずらわせれば、いま幸福になる、ということを忘れてしまいます。計画や願いごとのすべてが、あなたを現在の幸福から遠ざけてしまうのです。

人の役に立つ、というひじょうに重要な仕事にたずさわっている人もたくさんいるでしょう。でも、いまこの瞬間に幸福ではないとしたら、こうききたいと思います。「いったい何を犠牲にして、人の役に立つつもりなのですか」

自分が心配や悩みにとらわれているときに、ほかの人に幸福をもたらせると、ほんとうに信じていますか。そんなことは不可能だと、わかっているでしょう。

友よ、あなたにたずねたいと思います。あなたは現在の幸福のために「重要な」目標群をよろこんで捨てようと思いますか。いまこの瞬間がどこへつながっていくかわからないけれども、それでもこの瞬間を完全にわがものとしたい、と言いきる勇気はありますか。

あなたの心や経験のなかの混沌や混乱はすべて、完全にいま現在にいて、現在にのみ注意を向けることで乗りこえられます。これこそ奇跡的な真実です。

あなたはあらゆる葛藤、苦闘、自己不信、自己を裁く気持ちなどから、自由になりたいですか。それなら、外的な目標のすべて、心配、心を占めていることを捨て去り、いまこの瞬間の自分にのみ気づきを向けなさい。

目覚めのプロセスには、華々しくてかっこうのよいところはありません。目覚めている人は、精神世界の有名指導者になったりしません。そういう人はただ空想を増殖させたりしないのです。

そしてその人のもつ権威と自由に気づいた、ごくわずかの弟子だけがそれを認めます。

世間にもてはやされる指導者は、ごくごく表面的なレベルのことを教える傾向があります。世間というものは、具体的に結果が出ることを評価しますが、スピリチュアルな業績は目に見えないものであることが多いからです。

心を制御することを覚えても、社会からは特に重んじられません。人間としてはもっともパワフルな存在になれるかもしれませんが、そういう人が権力の座についていることはありません。つまり、そうした地位が提供されても固辞するのです。そうした人は外的な事象を操《あやつ》ったり動かしたりすることに、たいした関心をもちません。

そういう人が向けてくる問いは、たったひとつです。「あなたは、いま現在幸福か?」もし、その答えが「イエス」であれば、もうすでにあなたは天国にいます。答えが「ノー」であれば、その人はあなたに端的にたずねます。「なぜ、幸福になってはいけないのか」

あなたがいま自分が幸福でない理由を、三十ページもの陳述書にまとめてみせたとしても、その人はもういっぺん、シンプルに「なぜ」ときくだけでしょう。遅かれ早かれ、あなたにもわかります。自分がいま現在幸福でない理由をあげても、相手の問いに答えたことにはならない、と。なぜなら、いま幸福になれるという選択肢があなたにはあるからです。過去にこだわっていることだけが、その選択を妨げているのです。

マスターといわれる人はみな「なぜ、そうなってはいけないのか？」とききます。何をし、何をすべきでないか、というようなことは言いません。なぜなら、したりしなかったりするということは、みなあなたの責任に属しているからです。マスターができるのは、いまここでその責任を行使するよう、うながすことだけです。

こうせよ、こうしてはならないと言う指導者は、自分たちのスピリチュアルな未熟さを露呈しています。賢い指導者ならば、よい質問を向けこそすれ、めったに指示は与えません。

愛を惜しまないこと

必要としている相手に愛を与えることは、あなたの中の愛を強めます。相手に愛を惜しむことは、愛の存在に対するあなたの気づきを弱めます。

兄弟があなたの注意をひこうとして、ふさわしくないふるまいをするとき、あなたはやむなく顔をそむけ、そっぽを向いてしまいます。なぜならあなたは、そんな要求に応《こた》えるのはとうてい無理だとわかっているからです。

けれど兄弟から顔をそむけることで、あなたは愛をひっこめています。彼への愛をひっこめるとき、自分への愛もまたひっこめられています。

兄弟はただあなたの愛を求めていただけなのに、やりかたがわからなかったのです。愛の本質がわからず、混乱してもいました。それで、お金やセックスその他のものを強要するのです。ほしいものを手に入れるため、あなたを操《あやつ》ろうとします。

もちろん、あなたは操られたくありません。相手の言いなりになることで、その不適切な行動を強化するのはいやです。でも彼を拒絶したくもないのです。どうすればよいでしょうか。

相手に対して愛情のこもったふるまいを示します。相手がほんとうにほしがっている愛を与えます。自由にいくらでも与えられるようなものを、ありったけ与えます。相手の要求にかなっているかどうか、心配する必要はありません。

言い換えればあなたは、兄弟を愛することには「イエス」と言い、操られることには「ノー」と言うのです。「ノー」と言っても、相手をハートから追い出すのではありません。相手を批判したり切り捨てたりしません。犠牲者にも、迫害者にも、なるのをやめましょう。相手の恐怖心に満ちた考えに対し、愛をさしだします。

こう言います。「いいえ、あなたの求めるようなものはあげられませんが、双方のためになるような方法で、あなたを助けたいと思います。あなたを拒絶したりしません。あなたが、わたし以下の人間だというふりをしたりもしません。あなたが愛を求める気持ちは、わたしのそれと同じくらい大切なのですから、それを尊重します」

真に愛するものは、相手にそう言います。「あなたのほしいものは何でもあげますよ」とは言いません。「双方のためになるような道を考えよう」と言うのです。愛するものと愛されるものは対等です。ふたりは愛の相互表現となります。

これを理解することがたいせつです。多くの人は、だれかの要求に「イエス」と言わなければ、それは愛のふるまいではないのだと信じています。それは真実ではありません。相手の要求には、けっして「イエス」と言わないでください。それでは、あなた自身を愛することにならないからです。自分自身に対して優しくしてください。他人の要求を自分のより優先しないでください。愛と犠牲は無関係です。

どうか理解してください。あなたがたの中には、他人の要求から自分自身を守るためには、だれに対しても「ノー」と言わねばならない、と信じている人もいます。それも真実ではありません。みんなに「ノー」と言うことで、あなたは人と親しくなることへの恐怖心にしがみついています。他人を物理的心理的に遠ざけることとは、恐怖心の行う作戦です。愛とは無関係です。

自分自身を保つためにどんなふうに他人を拒絶しているか、逆に他人を保つためにどんなふうに自分自身を拒絶しているかをよく見てください。どちらのやりかたも、自己尊厳と親密さを否定しています。

自己尊厳をもつ人——自分自身の真実を尊重する人——だけが、他人と親密になれます。あわれみ深い人——他人の真実を尊重する人——だけが、完全に自分の尊厳をもつことができます。ありのままの自分を与えないかぎり、受けとることはできません。そして相手をあるがままに受けとらないかぎり、与えることはできません。

お互いの要求に屈服しないでください。操られることは拒否してください。侵害されていると感じたら「ノー」と言い、それからその侵害を宥《ゆる》します。「ノー」に固執しないでください。その人のふるまいへの「ノー」を、愛と助けを求める呼び声への「ノー」にしないでください。侵害を宥《ゆる》して、進んで愛と助けを与えるようにします。

これを実践し、いま現在の瞬間にいてください。操られることへの「ノー」を、愛と助けへの「イエス」にしてください。自分自身と相手を同じように尊重してください。攻撃をすれば、あなたが犠牲者となります。自己防衛に走れば、あなたが攻撃者となります。

あらゆる悲しみ、苦しみを愛でおきかえてください。あなたが攻撃されていると感じたら、その攻撃には「ノー」と言い、でも攻撃しかえさないことです。自分がだれかを攻撃していたら、それに気づいて、償《つぐな》ってください。罪悪感から次の攻撃をしないことです。いまこの瞬間に、問題点を修正します。

あなたが愛を与えれば与えるほど、多くの愛をひきつけるようになります。それはあなたが愛することによって、愛の波動をまとうからです。あなたは与することで、豊かさの波動をまといます。

愛と助けを求める人の声に「イエス」と言うことを、学んでください。それをすればするほど、人はあなたに恐怖心から出るふるまいを向けなくなるでしょう。

あなたが暴力を解消したいのでしたら、すでに恐怖心に満ちている相手を、さらに不安に駆り立てないでください。あなたの愛とサポートを与えるようにします。愛は修復します。憎悪は告発します。

生活のなかで実践しはじめるまでは、愛の真の力はわかりません。敵をハートから追い出すのではなく、そこに受けいれるようにすれば、敵ではなくなるでしょう。

だれでも、あるがままの自分を愛されたい、受けいれられたいと望んでいます。愛を与えられれば、その人はもう不安になりません。あなたを攻撃する必要がなくなります。

兄弟に与え惜しむものは、自分自身に対しても与え惜しんでいるのだ、ということを理解してもよい時です。兄弟はあなたと切り離された存在ではありません。その価値を認めることで、あなたの価値もまた確かなものになります。

愛されることについてのメディテーション

もし、兄弟のだれかがあなたを攻撃したら、その兄弟は自分が愛されていないと感じているのだな、ということに気づいてください。愛を感じていたら、あなたを攻撃したりなどしなかったでしょう。相手の攻撃に、まともに反応しないでください。自分が愛されているのだ、ということを思い出させる方法を考えます。

これを何度も何度もやります。

つぎにシンプルなウォーキング・メディテーションの例をあげます。

気持ちが晴れやかなときには仲間のところに出かけていって、悲しそうだったり、怒っていたりする人を見かけたら、自分が愛されているのだ、と思い出させてあげます。笑みを向けるとか、花や風船をあげるとか、サンドイッチをつくったり、コーヒーをいれてあげるとか。歌を歌ってあげてもいいし、詩を朗読してあげるのもいいでしょう。「これは全部、あなたのためにしているんですよ。どうかいい一日を楽しんでください」と言います。

また、自分が落ちこんでいるときにも、同じことをします。何度も何度もくりかえしてください。その結果に驚くでしょう。人に、そして自分自身に、自分は愛されているのだということを思い出させてあげるほど、エクスタシーに満ちたことはありません。

ただし、自分が愛されていると感じなければ、人に愛を贈ることはできません。ですから、あなたにはたったひとつだけ責任があります。あなたのハートの中にある愛を感じてください。そして他の人にもその愛を感じられるようにしてあげてください。

愛を与えたり受けとったりすることだけが個人の責任である、ということを万人が理解しているような世界が想像できますか。友よ、その世界は、あなたが指先ひとつを動かせば手に入るようなものなのです。

人生になにか欠乏があるときは、愛を持ちこむべきときです。自分が十分に得ていないと感じたら、自分が人に十分な愛や助けを与えていない面があるのです。

愛と助けを惜しまないでください。惜しみなく与えれば、あなたの生まれながらの権利である愛をたっぷりと受けとることができるでしょう。

愛されていると感じるときにこのメディテーションをして、どうなるか見てください。攻撃されていると感じるときにもおこなって、結果を体験してください。

実験してください。遊んでみてください。このメディテーションをどういう形で行うかには、あまりこだわらないでください。進んでやる気になれば、形はおのずと整ってきます。

客観的現実という幻想

あらゆる客観的現実は、主観的な合意の上に成り立っています。でも、この合意を厳密によく調べてみれば、紙のようにうすくて、あなたの知覚する世界をおおっている膜のようなものだとわかります。その薄膜の下では、だれのあいだにもどんな合意もありません。

ものごとは、特定のリズムと優雅さで起きていきます。でもそこに踏みこんで、意味を与えようとすれば、リズムも優雅さも失われます。これこれはこういう意味だとわかっている、と言うとき、あなたは理解を放棄します。

理解するためには、共感と賛美が必要です。しばらくその状況とともに動いてみると、その意味がおのずと感じとれてきます。それはけっして知的なプロセスではありません。

知性は判断をくだすのが仕事ですから、外界に出ていって、その判断が正しいと言ってもらおうとします。世界は、その判断を受けいれる人と反対する人で成り立っています。こういう世界では必然的に、競争、葛藤、嫉妬が起きます。

もし判断や批判がなかったら世界がどうなるか、と問いかけたことはないでしょう。しかし友よ、それこそがただひとつ、問う値打ちのある問いなのです。

ではいま、その問いを発してみましょうか。「もしわたしが、自分の人生にあれこれ批判や判断をくださなかったら、人生はいったいどんなふうだろう」あなたが外界のばらばらな事柄と、それに対して自分で押しつけている判断とを、切り離すことができたとき、初めてその事柄の意味がわかってきます。

「現実《リアリティ》」ということの意味が知りたければ、そのことに対する判断をすべてひっこめ、ただそれとともに深くじっとしています。人生のどんな状況においても、これをすることができます。

もしあなたが、ガンと宣告されたばかりだとしたら、どうでしょう。それなら、そのガンとともにいます。自分がガンについてもっている考えのすべて――ポジティブなものであれ、ネガティブなものであれ――は解釈にすぎないのだということを、認めてください。ガンの意味は、あなたがいま決めつつあるのです。

これこれはこういう意味だ、と断定しないでください。それをそのままにし、それとともにい、それとともに動き、ともに呼吸してください。それについての考えから自由になれば、だんだんにその本質が理解できてきます。その理解を言語化することはできるかもしれませんし、できないかもしれません。そのことは重要ではありません。やがて、洞察がやってきます。

ものごとの意味や目的は、あなた自身の心《マインド》の奥底ふかくにあります。その意味を発見するには、自分の心をのぞきこまねばなりません。外界のいわゆる客観的事象をながめて意味を探そうとしても、時間のむだです。意味はそこにはありません。

もちろん、あなたは自分の状況について、まずは人に相談したいと思うでしょう。専門家に連絡をとります。最初の意見、第二の意見、第三の意見をぜんぶ聞きます。

さて、正直になってください。第三の意見を聞いたあとで、第一の意見を聞いたとき以上に、事態がすっきりしましたか。相談した専門家は、あなたに洞察力や心の平和を与えてくれたでしょうか。

もしそうだと思うなら、用心したほうがいいでしょう。人に自分のかわりに解釈してもらうことは、ものごとの本質を理解する役には立ちません。

ものごとの本質にせまりたいなら、あらゆる解釈から身を遠ざけ、状況とともにいることです。人がきて「こうすればいいとわかっているよ」と言っても、ていねいにお帰り願います。かれらの答えは、あなたがその状況にくだす判断と同じくらい、有毒なものです。

「これがどういう意味かはわからない。だから、じっくり時間をかけてみよう」と言うべきです。「人生にこの状況をもたらした知恵ある力は、その意味をも明かしてくれるだろうと信じよう」

これがあなたのとりうる、もっとも愛に満ちた行為です。こうすれば、あなたもまわりの人も状況を判断したり解釈したり合理化したりしたいという、習慣的衝動から逃れることができます。

しかし他人を遠ざける必要はありません。呼んで、いっしょにいてもらえばよいのです。手をとってもらいましょう。相手の顔を見つめましょう。心配してくれたことに感謝します。そしてこう伝えます。「なんとかしなければならないことは何もないんだよ……人生のもっと深いところで、何かが動いてるだけなんだ」

判断や解釈から自由になることほど、やさしいことはありません。それをするのは、きわめてむずかしいと感じるかもしれません。でもそれは単にやりかたを忘れてしまっただけです。

さてこんなふうにして、人生でもっともシンプルなことが、複雑怪奇なメディテーションの最終目標として、おおげさにまつりあげられてきました。あらゆるメソッドは「どうやって、そうなるか」を教えようとしています。しかしながら、そこにメソッドがあるかぎり、あなたはそれに「なる」のではなく「やる」わけです。

わたしが勧めているのは、あらゆるメソッドを捨て去ることです。メソッドは不要です。ただ判断、解釈、概念化、検証をやめればよいのです。「ただあること」以外は捨て去ります。そして、そのことの本質とともにいてください。そうすると、一見ばらばらな事柄のなかから、思いやり深い恩寵が見えてきます。そのときあなたは意味を理解し、それがそのようであることに感謝します。

目的意義が自分にとって完全に明かされれば、もう、それからしりごみする人はいないでしょう。でも、その目的は、むりやりに人生の秘密をこじあけようとする態度からは探りだせません。辛抱強くあってください。おだやかでいてください。人生のあらゆる喜びと美はいまここにあります。あなたの目的意義はいまこの瞬間に、完全に姿を見せているのです。

自分の経験の外部に、意味を探さないでください。その経験自体を信頼し、それとともにいます。これこそわたしの与えるもっとも深い教えです。このシンプルな実習のなかでは、真実を妨げるすべての障壁は打ち倒されるのです。

奇蹟——行為の終わりへ

人生で、あれもこれもと多くのことをしようとすればするほど、死は恐ろしいものになります。死は、それらの行為の終わりだからです。それは思考の終わり、他人の考えや行動に感情的に反応することの終わりともなります。死は分離の終わり……つまり身体の終わり、条件づけられた心《マインド》の終わりです。

身体を抜け出たときには、もはや考える心、計画を立て、夢を描き、プランをひねりまわす心はありませんが、人と人の交流は一瞬にして起きます。なぜでしょうか。

心には本来、制限がないからです。時間や空間に縛られてはいません。あらゆる障壁を突きぬけます。

あなたが、そしてあなたがたが、経験にあわせて切りつめ、制限した心のこの部分のみが、人生では体験されていました。

死は主観的なものの終わり、分離された心の終わりです。それはあなたが理解しているような形の交流の終わりです。なぜならあなたの心の交流は、分離した個別のふたつの心のあいだでしか経験されていないからです。そういうコミュニケーションの経験は幻想にすぎません。つまりそれは、制限なきものであるはずの経験の、極端に制限された描写にしかすぎないのです。死が近づいた人は、この世の知覚の制限をこえた現実《リアリティ》があることを知っています。その世界では、交流はひとりでにそしてすべてをふくむ形で起きます。言い換えると、あなたが考えていることを知らない人はなく、しかしそれはあなたにとってなんの不都合でもありません。あなたも、ほかのみなが考えていることを知っているからです。

そこには人に秘密にされている個人的考えはありませんから、あらゆる制限の強い考えは、制限の少ない考えによって、すみやかに是正されます。自己という感覚は、思考によって定義されていますから、思考自身が制限をこえて拡大してゆくにつれ、〝自己〟もたえまなく拡大してゆくような感じになります。

おもしろいことに、たったいまこの瞬間にも、あなたは苦労や意識的な努力なしに、制限なき存在と交流しているのです。あなたの身体は光に浸されています。ハートは無条件の愛を受けとることができ、心は真理を直接に把握できます。こうしたことは、あなたが静かにして体験したいと思いさえすれば、すべて可能です。

いったん肉体を離れたあなたには、もう選択はありません。準備ができていようがいまいが、その経験の中に入ります。もしそれに抵抗するなら、真理を徐々に段階的に体験させてくれる、また新たな制限された肉体へと吸いこまれてゆきます。もしあなたに無条件の愛の経験をする準備ができていれば、あなたはいままでに抱いたすべての恐怖心と、自分に課したことのあるすべての制限を通りぬけて、恐怖心と制限を超えた場所へと移行してゆきます。そこはいわゆる天国と呼ばれるところです。

天国に入ること、生死のサイクルに終止符を打つこと、ニルヴァーナ（涅槃《ねはん》）に入ること、カルマを超越すること、条件づけられた心を抜け出すこと、これらはみな同じひとつのことです。すべて、意識の旅の最終目標です。万人がみな、ここにいたります。だれでも最後にはそれを達成します。

あらゆるスピリチュアルな修行の形態は、あなたがたの時間の節約のために存在しているにすぎません。それらはいま、ここにある無条件の愛と恵みの体験へと、あなたを招きよせます。行為を止め、思考を止め、はからいや計画を捨てることへと招きます。沈黙の中での自分自身との一体感へと、つれていきます。兄弟たちのあなたに対する思考や行動を、あなたが自分をどう考えているかの鏡として見るようにさせてくれます。

それらの修行は、人生の縦糸横糸を、たったひとつの考え、ひとつの呼吸、ひとつの行為へと単純化します。あらゆる事件、あらゆる関係、あらゆるハートや心の動きは、神の意識を運ぶ器なのだということを教えてくれます。

あらゆる教義、あらゆる空虚で大々的な儀式を捨て去りなさい。そうすれば、あなたは核となるスピリチュアルな体験、神を崇めるほんとうの道へといたるでしょう。それはあらゆる伝統の中にひそんでいます。

まことに、平和や歓喜、幸福への呼び声は、あなたのハートと心のなかにあります。この呼びかけに応えることは、小径《こみち》に足を踏み入れることです。それをなんと呼ぶかは重要ではありません。それをどんなふうに言いあらわすかも重要ではありません。与えるという小径が、あなたの前に開かれます。あなたが与えれば、あなたはそれだけ他人からも受けとります。

この小径には、独得の簡素な美しさと神秘性があります。あなたが思い描くようなものとはまったくちがいます。それでいて、それは次のステップを踏み出そうとすれば、その足をどこに置くべきかをちゃんと教えてくれるのです。

スピリチュアリティの王道というものは、直線的に進むものではありません。あらかじめ決まっているようなものではありません。「これをせよ。あれをせよ。そうすればこれこれのことが起きるだろう」ということはいえません。

なんであれ、なされることは、内面深くからなされねばなりません。それはみずみずしく、明確で、ハートの中心からでなければなりません。ひとりでにおのずと起きねばなりません。

過去をひきずっていたり、恐怖心があったりすれば、信頼は失われ、奇蹟は起きはしないでしょう。恐怖心と無縁な考え、そして「なすべき」「救うべき」「癒すべき」という強制から自由な行為は、本質的に奇蹟的なものです。それは時空の法則から自由でありながら、しかもひとりでに楽々とその法則にかなっています。

なぜ、これらのことが真実であるのでしょうか。それは、前もって予習されていないからです。条件づけられた心から出てきていないからです。ひとりでに起き、完璧に信頼しているからです。こうした思考や行動は、生ける祈りです。それはこうあるべきだということもないし、うまくいったからといってくりかえすべきでもありません。それはあなたの学びの成果ではありません。それは、あなたが無条件の心と、生き生きとしたかかわりをもったからです。

あなたの魂の奥底には、目覚めへの呼び声が埋めこまれています。ほかの人には聞こえないような声です。ほかの人の言葉に耳を傾けるなら、あなたは決してその呼び声をきくことはありません。

しかし、一度その声をきいたら、他の人も、その人なりのやりかたでそれを聞いたことがあるのだとわかります。あなたはただサポートをすることで、かれらといっしょに進むことができます。かれらを祝福するとき、あなたは自分を祝福しています。かれらを自由に旅に発たせてあげることで、あなたは自分の旅の道を歩きだすことができます。

そこに競争はありません。嫉妬はありません。そこには「獲得」「達成」すべきものがないからです。すべては自由に手に入れることができ、またそののち人に与えるものです。あなたにであれ、人にであれ、与えられた贈り物すべてに奇蹟がふくまれています。

宥《ゆる》しの道

わたしが宥《ゆる》しの道を選んだのは、それだけが、傷口の上にがっちりとかけられた時間という錠を開くことができるからです。時間がなくなれば、傷もなくなります。

過去を手放せば、悲しみの種もなくなります。かんたんな話ではありませんか？

時間は傷をリアルなものに見せます。しかし、ひとつとしてリアルな傷などはありません。

あなたが一瞬でも時間を消すことができたら――できることは保証しますが――救いということが理解できます。その無時間の瞬間には、過去にあなたが言ったりしたりしたことは、何ひとつ意味をもちません。その瞬間には何ひとつ、所有しているものはありません。過去もなければ未来もなく、アイデンティティもありません。それは純粋な存在の瞬間、非―分離、非―判断の瞬間です。

それはあなたみずからは知らずして、あらゆる時間のなかに住む瞬間です。想像してごらんなさい。あなたはすでに天国にいるのに、そのことに気づかないのです！

あなたは天国にいますが、その天国はあなたには受けいれがたいものです。天国はあなたのエゴも、計画も、夢も、支援しません。天国はあなたの苦闘も、学びも、そして宥《ゆる》しのプロセスも支援しません。

天国では、宥《ゆる》しの必要がないのです。なぜでしょう。それは天国ではだれにも罪がないからです。現在の瞬間に住んでいるものは、罪を犯すこともなく、誤った考えを抱くこともありません。天国はあなたの「罪と罰」のソープオペラを支援しません。「罪と救い」のソープオペラもです。天国では何ひとつ正すべきことは存在しないのです。

この瞬間にもまた、正すべきものは何もありません。忘れないでください。そうすれば、あなたは王国にいられます。

あなたは「善人になる」ことで天国に行けると思っています。しかし、「善人」がどういうものかについては、だれひとり意見が一致しないでしょう。天国へのロードマップがぐしゃぐしゃの迷路になっているのは、ふしぎでもなんでもありません。

なかにはいくらか悟った人もいます。そういう人は、過《あやま》ちをおかしてもだいじょうぶだが罪からは救われねばならない、と信じています。また、自分のいままでの生きかたを拒否して、わたしがあなたがたの罪のために死んだということを理解しなければならない、と言います。友よ、これはまったくのたわごとです。

なぜわたしが、あなたがたの罪のために死ぬのですか。わたしの罪でもないのに。きっとあなたがたはわたしのことを、よほど度量の広い人間だと考えているのでしょう。わたしがたいへんな「善人」なので、あなたがたの罪をぜんぶひっかぶっても影響されず、平気なのだと思っているのでしょうね。わたしのおかげであなたがたは万事オーケーだ、というわけでしょうか。はたして、そうなのでしょうか。あなたがたは、自分の救いはわたしにかかっていると信じているのですか。もしわたしが、それを裏切ったら？　またわたしを十字架につけるのでしょうか。それとも自殺してしまいますか。万事オーケーにいたりつくためのあなたがたのやりかたは、そんなふうなのです。

わたしが言っているのは、少々ちがうことです。そう、万事はオーケーですが、それははるかな未来においてでもなければ、あなたがたの信仰を示す行為によってそうなるのでもありません。すべてはたったいまオーケーであって、あなたがたが世界のどこかしらを正す必要もなく、わたしがどこかを正す必要もないのです。

これを理解するには、宥《ゆる》しのプロセスを実践する必要があります。だれか、または何かが誤っていると思ったら、そういう考えを抱いた自分を宥《ゆる》してください。自分が誤っていると思ったら、そう思った自分を宥《ゆる》してください。

自分自身に言うのです。「これは誤っているように見えるが、わたしにいったい何がわかるだろう。わたしが見たくない、でも見るべきものが、ここにあるのかもしれない。だからこそ誤っていると思ったのだろう。自分が見たくないからだ」

非難したいものごとを、進んでよく見てください。それこそ罪悪感を脱ぎ捨てるてっとりばやい道です。

あなたが誤りだと思うものでも人でも、それはあなたが自分自身の誤っていると思っている箇所を見せてくれているだけです。兄弟よ、それはあなたの罪悪感なのです。もっとよく見てください。でなければ、それはあなたの人生をむしばみつづけます。

幻想の思いこみを真実にしないようにしてください。自分の判断・批判を正当化するのをやめてください。そんなことをすると、自分と他人が切り離されているという確信を強めるだけです。

勇気をもってください。いまこそ果敢であってください。あなたを悩ましているのは、あなたの罪悪感にすぎないのを見てください。あなたを悩ませるすべてのものごとを見て、それを深刻に受けとめた自分を宥《ゆる》してください。やましいところのある人だけが、自分の狂った世界の中のものごとを何でも深刻に受けとめます。

あなたの旅の中で宥《ゆる》されねばならぬ人間はたったひとり、それはあなたです。あなたが裁判官です。あなたが陪審員です。あなたが容疑者です。不吉な三位一体ですね！

落ちついてください、友よ。あなたが他人にこれこれをしたと思いこんでいるのは、自己処罰のひとつの形にすぎません。罪悪感をもって生きねばならないと信じているのは、かれらではなく、あなたなのですから。

自分に罪があると思えば思うほど、自分自身を痛めつけます。罪を他人に投影してその人を痛めつけても、あなたの罪悪感を増すだけです。この恐怖心の迷宮から抜け出す唯一の道は、宥《ゆる》しを実践することです。

いろいろなものを判断・批判している自分を宥《ゆる》すことによって、誤っているとみなす、すべてのものを宥《ゆる》しなさい。自分自身へのあわれみ、自分が批判した他人に対するあわれみをもって、自分のしたいちいちの判断や批判をながめます。それらを正当化しないでください。そうすれば、自分の思いこみの幻想をリアルなものにしないですみます。

いまこの瞬間に、恐怖心、判断、そして期待はくつがえります。過去と未来が今という現在に持ちこまれます。あるのはこの瞬間のみ、あなたがいま世界をどう見ているかが、あるのみです。世界が恐ろしいものに見えるなら、自分自身の恐怖心に直面してください。世界をあれこれと批判してながめるなら、自分が自分をどう批判しているかに直面してください。自分の恐怖心や批判がましさを宥《ゆる》すとき、それらは出ていきます。あなたは、もはやくもりガラスを通してものを見ることがなくなります。ものごとをあるがままにして、くつろいでいます。

宥《ゆる》しが鍵になるのは、傷口をつかんでいる時の指をそれが開かせるからです。時間のないところに、傷はありえません。

兄弟よ、あなたにはいかなる罪もありません。なのにあなたはそうでないと信じています。そう信じるかぎり、あなたには宥《ゆる》しが必要です。それが、自分で自分を閉じこめている思いこみの幻想からの唯一の脱出口です。

自分が人を傷つけることができる、あるいは人に傷つけられると、あなたは誤って信じこみました。それが、あなたがたの世界を動かしている思考です。ですから、あなたはようやくこの段階にきて、自分の思いこみの結果をすべて見てとり、それが真実でないことを悟るでしょう。

もしあなたがたの中のたったひとりでも傷つけられるなら、もしあなたの完全性が苦悩や死によって損なわれたりするものなら、あなたの世界は天国から遠いところにあり、あなたがたの殺人的思考は永遠に荒れくるいつづけるでしょう。あなたがたの世界は、暗く癒されようのない世界になるでしょう。

ときには、まったくそのとおりに見えることもわたしは知っています。しかし今となってはそれは真実ではなく、かつても真実ではなかったのです。どんな暗黒時代にも。あなたがたの世界、人生、思考が天国の外にあったことは一度もありません。なぜなら、兄弟よ、天国はここにあるからです。そしていま、あるからです。

あなたは自分が見ることを選んだものを見ます。あらゆる知覚は選択だからです。あなたが、見えるものに自分流の意味を押しつけなくなったとき、あなたのスピリチュアルな目が開いて、判断や批判から自由になった世界が終わりのない美しさに輝いているのを目にするでしょう。

地上のかせは外れ落ちて、あなたは明るいうえにも明るい星々の中の、自分の場所へのぼってゆきます。そこからわたしのように大地を見おろして、深いあわれみをもって、こう言うことでしょう。「わたしはあそこを歩いていたときには、恐怖心があり、その中を通りぬけることを学んだ。あそこは聖なる場所だ。あらゆる敵が友となり、友が兄弟となり、師匠となるような場所だ。死や分離という夢がついに終わる〝聖地〟だ。あの旅ができたことはありがたいし、とうとう故郷に帰ってこられて嬉しい」

そしてあなたは、なにも救われるためには、わざわざ旅をする必要はなかったことを知るでしょう。あなたは一点の曇りもない無垢な存在として、故郷にとどまったままでいることもできたのです。しかし旅をしなければ、あなた自身の無垢もわからなかったでしょう。あなたが純粋無垢な存在であることを、わたしも、わたしたちの父＝母も知っています。

恵みから失墜したことのない天使は、神との共同創造者にはなれません。そうでなければ、意識的な創造ができないからです。意識的に創造するためには、自分の創造物を理解せねばなりません。創造物を理解するためには、それらに加わり、その旅を経験しなければなりません。

それをあなたはしてきたのです、友よ。ようこそ、故郷へ。罪と死の中をあなたがたは通りぬけて、いまや、しみも穢《けが》れもない輝かしい存在です。

ハレルヤ！　ルシファーはもとの天使にもどりました。放蕩息子は帰郷しました。天のすべての天使が歓喜にあふれています。そして自分で旅をしたものもまた、随喜《ずいき》の涙にむせぶのです。

エゴの死

分割し、征服する、というのがエゴの本性です。分割のないところには、征服もありえません。あらゆる思考は、ものを分離するか、統合するかどちらかです。考えどうしに差異をたてる思考、人をたがいに区別する思考は、一体性の気づきをくもらせます。人々をたがいに結びつける思考、ある考えを別の考えに結びつけるような思考は、一体性を明らかにします。

考えは、敵になりえます。それを考えた人が敵になるのと同じくらいかんたんなことです。他人を攻撃せずに、その考えだけを攻撃できると思うかもしれませんが、考えを攻撃された場合に、それを個人攻撃と受けとめない人はそうたくさんいません。

人々は、自分の考えと自分を同一視します。だれかと話をする場合には、相手の考えかたをもふくめて知り、それを認めてください。それからあなたが自分の考えを話せば、相手もそれを認めるでしょう。

おたがいの考えかたが競合せずに共存できるまでは、どんなふたりの人もくつろいでいっしょにいることはできません。相手の考えを受けいれることは、たとえその考えに自分は同意できなくても、相手に敬意と信頼をさしのべることになります。

だれかといっしょに平和にいるためには、自分と相手を隔てるものではなく、結びつけるものを見る必要があります。結びつけるものを見てとるなら、たがいの差異をも尊重できます。差異のほうを見てとるなら、その差異を克服しようとあくせくすることになります。

差異を克服しようとしても、たいてい失敗します。それは、差異があるということは健全だからです。おたがいの差異を尊重するかぎり、親密なよい関係を築く可能性を妨げることはありません。

いつでも相手に、自分と違っているためのすきまの場所を残しておいてあげなさい。そうすればあなたも、相手と親密になることを避けようとは思わないでしょう。

自分が受けいれられるためには、相手と同じようにならねばならない、そしてその逆も真だと感じると、あなたは差異を克服する努力をします。

差異はそのままにしておきなさい。あなたはそのままで受けいれられる人ですし、相手もそうです。そうすれば、あなたのハートにも相手のハートにも平和があります。それでいいのです。

自分がいかに相手を、こうあるべきだと信じるイメージどおりに変えようとしているかに気づきはじめてください。また相手がいかにあなたを変えようとしているかにもです。その押したり引いたりを感じてください。それがエゴの世界というものです。

エゴとは宇宙でもっとも不安定なものです。だからこそいつでも、どの側につくかを決めたり、地位や立場によりかかったりするのです。自分自身にもともと信頼を寄せていませんし、スピリットの寛大性をもちあわせてもいません。

エゴは自分自身を憎んでいるので、他のあらゆるものをも憎みます。その傲慢さは見せかけにすぎません。エゴを切り離せば、そのあとに傷口がぽっかり口をあけているのがわかります。

エゴとは、自分が愛されているのを知らないあなたの一部分です。エゴは愛を与えません。与えるほどの愛が自分にあるとは知らないからです。

愛されないもの、愛されえないものが、どうして愛を見いだせるでしょう。これは、この世界をさまよい続けるすべての魂の叫びです。

エゴには、自分が愛をもっていることを教えなければなりません。これはエゴにとっては危険な提案です。エゴは自分に愛があると知った瞬間、エゴであることをやめるからです。エゴはエゴとしては死に、愛として再生します。

だからこそ、多くの人が悟りに抵抗するのがわかりますね。目覚めという考えは、まだ眠りこんでいる人すべてをおびやかすのです。あなたがたはいつも考えます。「目を覚ましてしまったら、もう、わたしはここにはいられないだろう！」

それだからこそ、あなたがたの死の恐怖と目覚めの恐怖は同じなのです。制限のない宇宙的な

〝自己〟は、制限のある仮の自己が死なないかぎり、生まれることがありません。

ですから、どちらにしても、ある意味での死が来るのです。死ぬか、あるいは別種の死である目覚めにいたるかです。

いったん目が覚めれば、死はもはや大事件ではありません。失うべき貴重なアイデンティティなど、もはやないからです。ですから物理的肉体にとどまっているか、そうでないかは重要ではありません。どちらにしても、あなたは現在にいることが必要です。

死に向かうことは、現在にいることを学ぶ最上の方法のひとつです。てっとりばやく目覚めたいなら、死のうとしてみるのが一番です。死につつあるとき、あなたはいままで気づかなかったようなさまざまのことに気づきます。いちいちの呼吸に、細かな色合いに、花の一輪一輪に、愛に満ちたあらゆる言葉やしぐさに。

死は目覚めのための、緊急避難コースのようなものです。でも死ぬ人がすべて目覚めるわけではありません。その緊急コースを選んだというだけです。

コースを卒業した人は、どこに送られてもそこで満足しています。それが肉体を受けることであっても、それで満足です。肉体をもっただれかを助ける役目であっても、それで喜んでいます。

どこへ行くかはほんとうは重要なことではありません。なぜなら、あなたには何かを達成して自分の価値を証明する必要はないのですから。あなたはただ、行った先々でまわりの人を助けるだけです。

無意味なアイデンティティをこそぎおとすことは、故郷へ帰るためにはぜったい必要です。自己防御の必要が少なければ少ないほど、あなたは人の役に立てます。そして役に立てれば立てるほど、あなたの経験は祝福に満ちたものになるでしょう。

わたしは「死はおもしろおかしいものだ」とまでは言いませんが、死が「おもしろいものではない」理由は、あなたがたがいまだに自己の定義のきれっぱしにしがみついているからにすぎません。

あなたがたの地上での経験は、自分自身を、兄弟を、神を信頼することを学ぶプロセスです。目覚めの最後の瞬間には、その信頼が完全に花開き、〝自己〟のこの三つの側面がひとつに溶けあいます。

その瞬間は言葉では言いあらわせませんが、あなたがたが必ずそれを経験することは確かです。それを経験して初めて、このことすべてが完全に腑に落ちるでしょう。

贈り物

有《ゆる》しは、いつでもかわらずあなたに与えられている贈り物です。それはあなたにやってきたり、取り去られたりするものではありません。それはつねにあり、苦痛と悩みの経験から抜け出すために必要な、たったひとつの贈り物です。

有《ゆる》しはこの世界で効果を発揮しますが、もともとこの世界のものではありません。それはスピリットの世界のもので、自分の起源を忘れることはありえません。この贈り物はなんべんやりとりされても、尽きてしまうことはありません。あらゆる罪、あるいは罪の自覚に対して、有《ゆる》しはそこにあり、答えを用意しています。

この贈り物のとほうもない大きさはなかなか理解できないでしょう。あなたは人生のあらゆる分野にわたって、これを受けいれているわけではないし、あらゆる状況において、これを受けいれているわけでもありません。もし受けいれれば、それが入りこめないような場所はないのがわかります。この贈り物をやりとりできない状況はありません。

有《ゆる》しは見返りを求めない唯一の贈り物です。ですから、罪悪感なしにやりとりできる唯一の贈り物です。

宥《ゆる》しが開いてくれる扉の向こう側にある、すべてを包みこむ愛は、いまのあなたにはまだ理解できないでしょう。ですから、その愛について云々《うんぬん》してもしかたありません。いまのあなたのままでいてください。扉の前に立ち、ノックしなさい。辛抱強く、そして全身全霊をかけて望みます。すべての苦痛に満ちた、そして無用な思考に、進んで目を注ぎます。思考が自分を解放もし、閉じこめもすることを知り、解放を選んでください。

平和がハートにやってくれば、扉は開きます。ヴェールがかかげられます。モーゼは約束の地に入るでしょう。それまでは、今のところにいてください。あなたの実践のただなかに。

神はあなたの旅の餞別として、たったひとつの贈り物だけをくださいました。こう言われました。「息子よ、覚えておくがいい。おまえはいついかなるときにも、心を変化させることができるのだよ」

こうは言われませんでした、「わたしのもとを出てゆくな、息子よ」とか「わたしのもとにもどってくるまでは、みじめな暮らしが続くだろう」とかは。ただこう言われたのです。「覚えておくがいい。おまえはいついかなるときにも、心を変化させることができるのだよ」

あなたはいかなる苦痛に満ちた思考、人を宥《ゆる》せない思考についても、心を変えることができるのです。不愉快な思考を問いつめて追い出し、自分を解放し、ハートに喜びをもたらすような別の思考を抱くことができます。

神はこうは言われませんでした。「わたしは息子に過《あやま》ちをおかさせまい」そうではなく、こうでした。「おまえが帰ってくることを信頼している。故郷への道を示してくれる贈り物をあげよう」

あなたがたのすべての過ちは、神にとってはまったく何ほどのものでもありません。神にとって、あなたがたは自分の世界を探検してまわっている子ども、試行錯誤しながら、その世界を支配しているルールを学ぼうとしている子どもにすぎません。

神がそのルールを作られたのではありません。あなたがたが、この遊び場を作ったときに、そのルールも作りました。そして忘れたことはたったひとつで、神は祝福とともにそれをあなたにさしだされます。「息子よ、旅がおまえをどこへ連れてゆこうとも、覚えておくがいい。おまえはいついかなるときでも、心を変化させることができるのだよ」

この愛の思いをこめて、神は一時的な仮のものを作られたのですが、それをあなたがたは決定的な存在にしてしまいました。神は非現実的なものを作られたのに、あなたがたがそれを現実にしてしまいました。

あなたがたは死の灰を創造しました。神は不死鳥の翼を創造しました。あなたが不幸な思いを心に浮かべるたびに、神はたったひとつの答えを返されます。「覚えておくがいい、息子よ。おまえはいついかなるときでも、心を変化させることができるのだよ」

プロメテウスと同じように、あなたがたは神々の炎を盗みました。しかし神はあなたがたを罰されませんでした。プロメテウスのように岩に鎖でもって縛りつけ、永久にハゲワシに内臓を喰わせるようなことはされませんでした。ただ言われました。「聖なる炎をとるがよい、息子よ。しかし気をつけるように。そして覚えておくがいい。おまえはいついかなるときでも、心を変化させることができるのだよ」

アダムとイブのように、あなたがたはエデンの園に立ち、善悪について好奇心を抱きました。神はあなたがたの知識への渇望が根強いものだと知り、聖なる蛇とリンゴをあなたのもとに送り、食べるようにさせました。一般に信じられているのとは逆ですが、神はあなたを罠《わな》にかけて罪に落とし、エデンの園から追放したのではありません。ただこう言われました。「息子よ、気をつけるように。この果実を口にすれば、世界の感じかたは変わってしまうだろう。この園は突然、一木一草も生えない乾ききった砂漠に見えてくるかもしれない。無垢なしなやかさにあふれ、まるごと完全なおまえたちの身体も、各部分の寄せ集めとなり、ある部分だけを受けいれ、ある部分を恥ずかしく思うようになるかもしれない。いまはわたしのすべての思考をともにしているおまえの心も、わたしと反対の思考を抱くようになるかもしれない。二極性や分離感がおまえの意識や経験に入りこんでくるかもしれない。このリンゴをひとかじりすれば、こうしたこと、そしてそれ以上のことも起きてくるだろう。しかし覚えておくがいい、息子よ。おまえは、いついかなるときでも、心を変化させることができるのだよ」

神はあなたの過ちを非難されぬばかりか、そのことで心を痛めてもおられませんでした。与えた炎で子どもがやけどをすることを知っておられました。リンゴが消化不良を起こすだろうとも知っておられました。しかしまた、その子どもは炎の用心深い取り扱いを学び、自分の身体を暖め、道を照らすのに使うだろうということもご存じでした。肉体が酸っぱい味にも慣れていき、そのリンゴを養分にできるようになるだろうということも、ご存じでした。

「知りたい」という決断によって、あなたがたが危険な状況に陥るだろうということもご存じでした。つまり、自分の幸福は、他人にどう扱われるかにかかっていると思いこむような状況です。そして、自分が不毛な敵地にほっぽりだされた無力な生物ではないのだということをも忘れてしまう状況です。

神はまた、あなたがたが自分の起源を忘れ、エデンの園がかすかな記憶にすぎなくなり、その存在すら疑われるようになることもご存じでした。また、すべての困難を神のせいにし、自分が「知ること」を選択したのだということを忘れる時代が来ることも、ご存じでした。しかし神は、これらすべてのことが起きてもかまわないと思われました。なぜなら、あなたがたがむしゃらに分離の旅に出てゆこうとするときに、こう言われたのです。「ちょっとお待ち、息子よ。長いこと会えないかもしれない。どうかこのたったひとつの贈り物を受けとり、わたしを思い出すよすがとして、どこにでもたずさえていってほしい」

あなたがたの多くは、「はい、父上」と答えたことを忘れています。しかし、わたしは保証しますが、たしかにそう答えたのです。ですからその神の声は、流浪の旅に出てゆくあなたから離れることはありませんでした。それは今でもあなたとともにあります。

ですから、見捨てられたり、とほうにくれたりしたとき、みずからこの旅を選んだことを忘れてしまうようなときには、思い出してください。「おまえはいついかなるときでも、心を変化させることができるのだよ」わたしは、その手助けをしたいと思います。

これはわたしの贈り物ではなく、神からあなたへの贈り物です。わたしもその贈り物をいただいたので、わたしからあなたにあげることができます。それをわたしから受けとったなら、兄弟にも手渡してください。

しかし、気をつけなさい。だれからもらうかにこだわらないことです。わたしからだということは重要ではありません。わたしは贈り物ではなく、それをさしだしたものにすぎないのであり、あなたも同じことをするのですから。贈り物のもともとの起源を思い起こして、自由にやりとりしてください。

キリストは神の贈り物の与え手であり、受けとり手です。そしてキリストは、あなたが贈り物をやりとりするたびごとに、あなたの中に生まれます。だれが宥《ゆる》しの贈り物をさしだしているのかは、重要ではありません。それはあなたの子どもかもしれないし、親かもしれないし、友人かもしれない。敵かもしれません。重要なのはそれを、相手から受けとることとであなたはキリストになり、相手もそうなります。

神の贈り物をやりとりするものは、おさな子キリストを歓待する主人のようなものです。だれもがヨゼフとマリアであり、神の子をこの世に迎えいれるのです。だれもがその子どもでもあって、両親から制限なき愛の贈り物を受けとります。

どのストーリーを信じるかには、注意深くあってください。あなたがたの多くが神から来たストーリーだと信じているものは、自分の恐怖心や不安感が捏造《ねつぞう》したものです。真理を求めるのなら、過去に書かれた聖典、知恵の書、教典などをのぞきこみすぎないほうがよいでしょう。そのかわりに、いま現在、あなたのハートの中に書かれつつある真理に注意を向けてください。

神はあなたがたに、宥《ゆる》しの贈り物を与えられました。この贈り物は、あなたの旅のどこにでもついてまわります。あなたがたが信頼しなかったので、神は息子をつかわして、その贈り物のことを思い出させられました。その息子は、その贈り物をとっておきたいのなら、人に与えなければならないと説きました。

光の存在の多くがキリストとして、このことだけを思い出させにやってきました。わたしたちはみな同じ目的をになっていました。キリストとは個人ではなく、炎の守り手であり、贈り物の与え手であり、愛の使者だからです。キリストから光がくるのは、キリストがこの世の闇の中でも光を覚えているものだからです。愛がキリストからくるのは、キリストはその贈り物を受けとったものであり、それを求めるものに無条件にさしだすことを学んでいたからです。

わたしたちがしたことを、あなたがたもなし、またそれ以上のこともなすでしょう。あなたがたの救いのなかには、神の子らすべての救いがあるからです。あなたが兄弟の中にキリストを見れば、相手もあなたの中にキリストを見ることができるでしょう。真理の光が多くのハートの中にともされれば、星がふたたびベツレヘムの上にのぼります。

多くのマギたち——オープンなハートと心をもった男女——がつどって、地上への神の子の誕生を見守るでしょう。それ以外の多くのものは、神の子が自分たち自身であることを理解せず、彼に敵対するでしょう。磔刑《たっけい》、犠牲、喪失といった夢がわきおこっても、それも愛の諸力の前にはむなしく、ふたたび愛が勝利をおさめるでしょう。

キリストは手をのばして、傷ついた子どもを腕にだきあげ、慰めます。その子どもはその愛の光の中に立ちあがり、死の石をわきに投げすてます。流浪の民はすべて神のハートという故郷、約束の地に帰ってゆきます。あなたがこれを読むなら、そのことがあなたに起こることを知ってください。勇気をもってください。わたしはあなたがたとともにいます。

わたしたちはともに、神の愛と宥《ゆる》しの贈り物、そして神が、わたしたちの帰還を永遠に信頼してくださっていることに感謝をささげようではありませんか。父よ、わたしたちはあらゆる状況において、あなたの声がわたしたちとともにあり、その声がわたしたちの思いと一歩一歩を導いてくださることを思い出します。あなたのおかげで、わたしたちはひとりぼっちではありません。あなたのおかげで、わたしたちには兄弟がいます。あなたはわたしたちを慰めのない状態に捨ておかれず、道を照らす心強い仲間をお与えになりました。

あなたの名において、わたしたちはこの旅を祝福し、苦しみの唯一の源である罪悪感が終わることを、たえまなく祈り求めます。それを終わらせるために、あなたのくださった贈り物、罪悪感なしにやりとりできる唯一の贈り物をしっかり抱きしめます。父よ、この宥《ゆる》しの贈り物を感謝します。深い考えをもってこれを用いたいと思います。そしてあらゆる状況において、これを用います。わたしたちはこの贈り物とともに、あなたの光を、魂のあらゆる暗黒の場所にもたらしたいと思っています。

訳者あとがき

P・フェリーニはアメリカ人だが、イタリアっぽい名前からしても、本書の中の〝キリストの心〟にはどこかカトリックのしずけさと優しさがただよう。カトリックのもっている恩寵への信頼というか、絶対他力への希望のようなものは、日本の仏教とくに浄土宗などとは近い気がして、フェリーニの言葉をきいていると、しみじみと肩の力が抜ける。

宗教にかぎらず、いわゆるスピリチュアルな生き方においても、大きく分けると自力系と他力系があるように思う。自力系というのは、はっきり目標をたてて前向きに自己実現してゆこうとする〝攻め〟の姿勢で、ポジティブ・シンキングやイメージ・トレーニングもよくこちらのほうに使われる。他力系のほうは、最近「癒し系」ともいわれているように、楽になろう、自分にすなおでいい、いまのままの自分を認めてあげましょう、という〝引き〟の姿勢である。

前者はかっこいいが、立てた目標にふっと疲れることがある。そしてうまくゆかないことが出てきた場合に、ポジ・シンでぬり消そうとしても、なにかしんどい。ここと あそこにムリがあるな、というのがわかったりする。わかったところで、さらにアファーメーション（確言）などで、それをガンガン改善しようとする。この戦士の生き方は、「願ったことがすべてかなうわけではない」というのが泣き所だ。いや、ほんとうの願いを「願う」のなら、それはかなうはずなのであるが、「こうなりたい」「次はこれだ」「うまくいかないなら、次はこうしよう」と走っていては、鼻先にニンジンをぶらさげられたままの馬のようで、ほんとうに願うこともできなくなる。

ミヒャエル・エンデの『はてしない物語』(上田真而子・佐藤真理子訳／岩波書店)は、じつにうまくこのあたりの機微を描いている。想像し、宣言したことがすべて現実になる世界ファンタージエンに行った少年バスチアンは、その力に酔いしれ、手当たりしだいにいま頭にある願いを満たしはじめる。美しくなりたい、勇士になりたい、賢者になりたい。しかし、ひとつ願いがかなうごとに、現実世界での記憶をひとつずつ失ってゆくのである。

(例)美しくなりたい　→　過去の自分の容姿を忘れる(過去の繊細な自分の否定)
　勇士になりたい　→　過去のいじめ体験を忘れてゆく(臆病であった自分の否定)
　賢者になりたい(人に認められたい)　→　子供(=無力)である自分を否定

アウリンというお守りは裏に「汝《なんじ》の欲することをなせ」と書いてあり、すべての願いをかなえてくれる。しかし「あんたが望むことができるのは、あんたの世界を思いだせる間だけ。過去がなくなったものには未来もない」のだ。バスチアンはしだいに、何を自分が求めているかわからなくなっていった。もともとの自分についての記憶をぬり消していったからだ。

正しく望むことは、むずかしい。こうなりたい、と願う裏には、現在の何かを否定することが含まれていることが多い。意味深なことに、アウリンには白黒二匹の蛇がたがいの尾をくわえあうかたちが描かれている。

そこに、ふとせせらぎの音がしみいるように後者——「癒し系」のことば——が忍びこむ。あ、いまのままの自分でよかったんだ。バスチアンもそうやって父親の愛を思い出し、ようやっと自分の世界へ帰ってゆく。〝攻め〟が行きづまったときに、ふっと〝引く〟ことで、より広いところへ出られることを、古《いにし》えから賢人たちはよく知っていた。

フェリーニは、自助努力を否定するわけでは毛頭ないけれども、「むりに確言をしようとしたりしないでください」「ただ、またもソープオペラにはまったなと気づいてください」あるいは「自己の困難をひとつひとつ、わたし（キリスト）のほうへ投げてください」と言う。

困難や自分の欠点とがっぷり四つに組んで戦わなくても、ただ気づいているだけで、そこを通りぬけられるのだ、というのはなんというありがたい抜け道であることか。そこには自分がもともとその一部である神意識への信頼がある。自分が本来完全である、という根源的事実にやすらいでいれば、あせらねば、ここも直さねば、とあくせくすることもない。アウリンのもう一匹の蛇が目をひらく。これを時間軸で言えば、〝攻め〟のほうは未来へ、未来へと自分を投げかけてゆくことだが、〝引き〟のほうは、いま現在を踏みしめ、やすらぐことである。後者がなければ、前者はイバラの道を剣で切りひらいていくイメージになってしまう。このどちらもが必要なのだ、とわたしは思う。

この本はそのあたりの〝他力あるいは恩寵の真髄〟を思い出させてくれる。著者は〝キリストの心〟ととりあえず書いているけれども、序文で言っているように、その心は「キリスト」でなくてもブラフマンでもブッダでもなんでもよいのである。フェリーニには他に『人間関係の七つのスピリチュアルな法則』『ひらかれる恩寵』『楽園に帰る』『ハートで生きる』『愛の奇蹟』などたくさんの著書があり、ワークショップを行う他に雑誌「ミラクルズ・マガジン」を発行、詩集も出しており、本書をみずから朗読したカセットテープ版もある。

本来〝攻め〟パターンのわたしも本書を訳して、ひじょうに「楽」を体験した。願わくば読者諸氏もそうあってほしい、とせつに思う。

井辻朱美

著者　ポール・フェリーニ *Paul Ferrini*

米国におけるスピリチュアル・リーダーの一人。宥し、癒し、自己尊重などをテーマにした著書が多数あり、かずかずのワークショップやリトリートを開催している。マサチューセッツ州生まれ。サンタフェやハワイで暮らしたのち、現在はふたたびマサチューセッツ州に在住。マルボロ大学で文学、心理学、宗教学を学び、アンティオキア大学院で教育学の修士号を取得。教育者向け専門紙の編集者、教師、カウンセラーなどを経て、スピリチュアリティの道に入る。牧師でもあり、1980年代には「奇跡のコース」の教師として幅広く活躍。その後、みずから季刊誌 *"Miracles Magazine"* を創刊して、癒し・変容・宥しなどに関する人々の奇蹟の体験談を紹介、多くの指導的なヒーラーたちから注目されるようになった。ほかにも、世界中から奇蹟の体験者を招いて各地で「ミラクルズ・カンファレンス」を開催するなど、多岐にわたり活動。

おもな著書：*Silence of the Heart (Reflections of the Christ Mind-Part II), Miracle of Love(-Part III), Return to the Garden(-Part IV), The Wisdom of the Self, The Twelve Steps of Forgiveness, The Bridge to Reality,* ほか。

ウェブサイト：www. paulferrini. com

訳者　井辻朱美（いつじ・あけみ）

ファンタジー作家、翻訳家、歌人。白百合女子大学文学部児童文化学科教授。多彩な執筆翻訳活動にたずさわり、オペラの評論や字幕翻訳なども手がける。東京生まれ。東京大学理学部生物学科人類学専攻卒業、同大学院人文系研究科比較文学比較文化専攻修了。

著書に、ファンタジー小説『エルガーノの歌』『パルメランの夢』（ハヤカワ文庫）、『遥かよりくる飛行船』（理論社）、歌集『水晶散歩』（沖積舎）、評論『夢の仕掛け―私のファンタジーめぐり』（ＮＴＴ出版）、『ファンタジー万華鏡』（研究社）、エッセイ『とっても奇蹟な日常』（ヴォイス）など多数。また訳書には、『妖精王の月』（講談社）、『ユニコーン・ソナタ』（早川書房）、『トールキンによる「指輪物語」の図像世界』（原書房）、『トリスタンとイズー』（沖積舎）、『ポジティブ宣言』（ヴォイス）、『エマヌエル愛の本』『エマヌエルの書』『上方への落下』（ナチュラルスピリット）ほか多数がある。

無条件の愛

キリスト意識を鏡として

●

2002年3月3日　初版発行
2024年6月14日　第7刷発行

著者／ポール・フェリーニ

訳者／井辻朱美

編集／秋田幸子

発行者／今井博揮

発行所／株式会社ナチュラルスピリット
〒101-0051 東京都千代田区神田神保町3-2 高橋ビル2階
TEL 03-6450-5938 FAX 03-6450-5978
E-mail: info@naturalspirit.co.jp
ホームページ https://www.naturalspirit.co.jp/

印刷所／モリモト印刷株式会社

ISBN978-4-931449-21-3 C0011

●新しい時代の意識をひらく、ナチュラルスピリットの本

聖なる愛を求めて 魂のパートナーシップ	ジョーン・ガトゥーソ 著 大内 博 訳	ソウルメイトと出会い、聖なる関係を築くには？『ア・コース・イン・ミラクルズ』をベースに真の魂の関係を説く。 定価 本体二四〇〇円＋税
エマヌエルの書	パット・ロドガスト ジュディス・スタントン 編著 井辻朱美 訳	いつも手元に置いておきたい珠玉の名著、待望の復刊！ 高次存在エマヌエルが優しくあなたに語りかける。「宇宙ぜんたいが美しい考えなのです」 定価 本体一八五〇円＋税
バーソロミュー 1〜4	バーソロミュー 著 ヒューイ陽子 訳	『セスは語る』、『バシャール』、サネヤ・ロウマン本と並ぶチャネリングの古典的名著、待望の復刊！ 叡智あふれる存在からの愛と覚醒のメッセージ。 定価 本体各二一〇〇円＋税
愛の法則 魂の法則II	ヴィセント・ギリェム 著 小坂真理 訳	魂の真実を伝える大好評の『魂の法則』の続編。「魂の法則」の中で最も重要な「愛の法則」について解説！霊的存在のイザヤが、著者の質問に懇切丁寧に回答！ 定価 本体一二〇〇円＋税
何が起きても、それを愛する	マット・カーン 著 奥野節子 訳	「愛の革命」が始まる！ 必要なのはハートを開くことだけ。「愛が唯一の答えである」ことを理解し、人類の進化の最先端へと飛躍する。 定価 本体一八五〇円＋税
伝わるのは愛しかないから	日木流奈 著	ひとりの心に目覚めた愛は、地球を駆けめぐり宇宙の果てまで変えてしまうことだってあるのだ。脳障害児にして、チョ〜天才！ ルナ君が語る人生論。 定価 本体一六〇〇円＋税
あなたは苦しむために生まれたんじゃない 怖れ、不安、うつを乗り越え、自分自身を愛し、幸せ、自信、安らぎに戻る！	ブレイク・D・バウアー 著 Mayako。訳	自分を無条件に愛することが苦悩や病気を変容させる鍵になる。精神的、感情的、身体的に健康でいるための方法を紹介。 定価 本体二五〇〇円＋税

お近くの書店、インターネット書店、および小社でお求めになれます。